Gobierno

Marie-Jean-Antoine-Nicolas de Caritat
Marqués de Condorcet

¿Es conveniente engañar al pueblo?

Introducción de Miguel Catalán
Traducción de Javier de Lucas

sequitur

sequitur [sic: *sékwitur*]:
Tercera persona del presente indicativo del verbo latino *sequor*:
procede, prosigue, resulta, sigue.
Inferencia que se deduce de las premisas:
secuencia conforme, movimiento acorde, dinámica en cauce.

Est-il utile de tromper le peuple?
Traducción de Javier de Lucas

Reproducida con autorización del
Centro de Estudios Políticos y Constitucionales

En memoria de Miguel Catalán González
(1958-2019)

Índice

Introducción

Cada vez que la tiranía intenta someter a
la masa de un pueblo a la voluntad de una
de sus partes, cuenta entre sus medios con
los prejuicios y la ignorancia de sus víctimas

Condorcet, *Esquisse d'un tableau
historique des progrès de l'esprit humain*

Marie-Jean-Antoine Caritat, marqués de Condorcet, o, simplemente, Condorcet, como hoy lo conocemos, nació el 17 de septiembre de 1743 en Ribemont, pueblo francés de la región septentrional de Picardía. El hecho de que el primero de sus nombres propios fuera el femenino de María obedece a la disposición de su madre, devota marianista que no sólo utilizó este recurso advocatorio para poner al niño bajo la protección de la Virgen, sino que, según alguno de sus biógrafos, también vistió a Condorcet de niña durante sus primeros ocho o nueve años de vida, en tanto otros afirman que sólo lo hizo de "blanca pureza", a fin de liberarlo de los peligros de la infancia.[1] Huérfano de padre al poco de nacer, su madre le asignó a los ocho años de edad un preceptor jesuita y a los once lo ingresó en el Collège des Jésuites de Reims. Estas experiencias infantiles de Condorcet pudieron incubar, por reacción, su anticlericalismo posterior y su ateísmo militante. En el Collège de Navarre de París mostró tempranas dotes matemáticas que le permitieron presentar en la Academia de Ciencias con sólo veintidós años su elogiado *Ensayo sobre el cálculo integral* y publicar con veintiséis los *Ensayos de análisis*. Al año siguiente Condorcet ingresa en la Academia de Ciencias, de la que fue secretario vitalicio a partir de 1776.

Gracias a su profesor y después protector D'Alembert, trabó en la capital de Francia un estrecho contacto con los intelectuales de la Ilustración y contribuyó a la redacción de la Enciclopedia. En 1782 ingresó en la Academia Francesa, de la que llegó también a ser secretario vitalicio. En 1786 se casó con Sophie de Grouchy, muchacha aristócrata de extraordinarias belleza e inteligencia, lectora ferviente de Adam Smith, Voltaire y Rousseau, traductora al francés de su amigo Thomas Paine y dueña de una formación ilustrada e ideales republicanos. El interés de Condorcet por los problemas sociales y políticos se fue incrementando en esa época, cuando promovió y luego participó activamente en la Revolución francesa. En 1790 nace su única hija, Louise Alexandrine. Ese año funda con E. J. Sieyès la *Société de 1789* y dirige el *Journal de la Société de 1789*. Fue diputado de París en la Asamblea Legislativa en 1791. Republicano de tendencias moderadas, se opuso a la pena de muerte decretada contra Luis XVI y defendió a los diputados girondinos caídos en desgracia. Su postura independiente quedó de nuevo manifiesta al criticar la propuesta de Constitución del jacobino Hérault, lo que le valió la condena a muerte de la Asamblea por traición. Huido de la justicia a partir de ese momento, Condorcet se refugió en casa de Madame Vernet, amiga que le brindaría amparo durante cinco meses con peligro de su vida. Es en esa época clandestina cuando escribe su obra más conocida, el *Esquisse d'un tableau historique des progrès de l'esprit humain*; en ella traza el recorrido de la historia pasada, presente y futura como un progreso hacia las luces de la razón, la igualdad y la libertad gracias a los efectos de una instrucción cada vez más extendida. La nobleza de espíritu de Condorcet no desmereció a la de su protectora. Sabedor de que pesaba la amenaza de muerte sobre los encubridores, en marzo de 1794 abandonó la casa donde estaba escondido y buscó fuera de París un auxilio que ya no obtuvo bajo un anonimato que tampoco duraría más de unos pocos días. Descubierto en un mesón donde sospecharon de su disfraz de campesino, Condorcet fue detenido y encarcelado en la prisión de Bourg-l'Égalité, en Bourg-la-Reine. Dos días después, la mañana del 29 de marzo de 1794, lo encontraron muerto en su celda, seguramente por suicidio, junto al libro de Horacio que le había acompañado en su huida.

*

Científico, racionalista y convencido del progreso espiritual no menos que del material, Condorcet defendió la independencia de los Estados Unidos frente a Inglaterra y la aplicación de la doctrina de los derechos humanos en áreas como la educación de los niños, el voto de las mujeres y la manumisión de los esclavos. Su cruzada a favor de la igualdad y la libertad (puede considerársele sin temor a equívocos el ideólogo más liberal de la Revolución francesa) lo llevó a presentar a la Asamblea revolucionaria un proyecto de organización educativa para la nación que pretendía instaurar la enseñanza universal, laica, mixta, gratuita y obligatoria. El proyecto de transformar a los jóvenes de todas las extracciones sociales en ciudadanos conscientes de sus derechos y deberes, facultándolos para lo que hoy llamaríamos *competencia democrática*, se basaba en una idea optimista sobre la perfectibilidad indefinida del hombre.

En esta esfera ideológica, la disertación de Condorcet titulada "¿Es útil para los hombres ser engañados?" (1790) se opone con rotundidad a la llamada "noble mentira", es decir, al supuesto derecho del gobernante a mentir al pueblo en bien de este. Aunque la doctrina de la noble mentira se remonta a Platón, la disertación crítica de Condorcet presenta una interesante historia que comienza con la doctrina de Maquiavelo a favor de la mendacidad y la mala fe del príncipe. El monarca prusiano Federico II, escandalizado con las tesis de Maquiavelo y aconsejado por D'Alembert, auspició un concurso de disertaciones filosóficas convocado en 1778 por la Real Academia de Ciencias de Berlín, al que se presentaron cuarenta y dos originales, sobre si era útil para el pueblo ser engañado, bien induciéndole a nuevos errores o bien manteniéndolo en los que ya estaba. Tal como rezaba el lema en dos lenguas: "*Est-il utile au peuple d'être trompé?*", o bien "*Kann irgend eine Art von Täuschung dem Volke zuträglich sein?*". Condorcet escribió su disertación para este concurso, si bien no llegó finalmente a presentarla. Más adelante, como señala Javier de Lucas, el filósofo alemán Werner Kraus incluyó la disertación de Condorcet en su antología de originales presentados al concurso en atención a la nombradía del autor y a la enjundia del propio texto.[2] La disertación de Condorcet que presentamos fue traducida por primera vez al castellano en 1991 por Javier de Lucas para su edición de Castillon-Becker-Condorcet *¿Es conveniente engañar al pueblo?* (Madrid, CEC, 1991), en la que también figuraban las dos contribuciones ganadoras del concurso patrocinado por Federico II.

No era la primera vez que se formulaba la pregunta sobre la oportunidad de engañar al pueblo, ni sería la última. En la Edad Moderna el tema del concurso de la Preussischen Akademie aparece ya en unas palabras atribuidas, al parecer de forma espuria, al cardenal renacentista Carlo Caraffa: "*Populus vult decipi, ergo decipiatur*"

(El pueblo quiere ser engañado, por tanto, que sea engañado). Este aforismo sería una aplicación particular y política al más general y filosófico "*Mundus vult decipi*" (El mundo quiere ser engañado) del humanista alemán coetáneo Sebastian Frank en su *Paradoxa*, libro publicado en 1534.[3] La cuestión sobre si el gobernante debía o no mentir al pueblo fue objeto de debate y reflexión en el siglo XVIII, como muestra el poema epigramático de Goethe "Mentira o engaño" (*Lug oder Trug*), en que el autor francofortino manifiesta su talante más cortesano dejando entrever que tal acción era un mal menor o, quizá, necesario: "¿Debe engañarse al pueblo? / Desde luego que no. / Mas si le echas mentiras, / mientras más gordas fueren / resultarán mejor".[4]

El concurso promovido por Federico II y la respuesta positiva, bajo ciertas condiciones, ofrecida por el propio monarca a la pregunta del lema reflejan bastante bien el espíritu complejo del despotismo ilustrado, a la vez innovador y conservador, a la vez humanitario y autoritario, que el propio Condorcet describió así: "este género de despotismo, del que ni los siglos anteriores ni las otras partes del mundo habían ofrecido el ejemplo, en el que la autoridad casi arbitraria, contenida por la opinión, reglada por las luces, suavizada por su propio interés, ha contribuido frecuentemente al progreso de la riqueza, de la industria, de la instrucción y algunas veces a los progresos mismos de la libertad civil".[5] Las respuestas negativas de Castillon o el propio Condorcet a la cuestión establecida por el concurso de 1778 se oponían a la doctrina de Maquiavelo favorable al engaño del príncipe que tanta influencia tuvo sobre la moderna "razón de Estado".

Los seguidores de Maquiavelo suelen afirmar que este no recomendaba la mentira del gobernante, sino que se limitaba a describir los procedimientos por los cuales se conserva de hecho el poder. Tal pretensión de los maquiavelianos no viene, sin embargo, corroborada por los textos, pues el diplomático florentino propone sus acciones de gobierno mediante términos técnicos como 'conviene', pero también con otros morales como 'debe', en el sentido de obligación moral, u ocultamente performativos, como 'es preciso'. El célebre capítulo XVIII de *El príncipe* recomienda al príncipe hacer evidentes en palabras y gestos públicos su conformidad con las virtudes que desprecia, en especial con la paz y la fe. Semejante doblez del príncipe debe atribuirse a la naturaleza del vulgo, cuya 'estupidez' y 'simpleza' le lleva a querer ser engañado y, en cierto modo, a pedir ser engañado. Tales afirmaciones de hecho albergan implicaciones morales basadas en una antropología pesimista en virtud de la cual los hombres son incapaces de mejorar sus facultades morales e intelectuales. En *Discursos sobre la primera década de Tito Livio*, Maquiavelo afirma: "Es necesario que quien dispone una república y ordena sus leyes presuponga que todos los hombres son malos y que pondrán en práctica sus ideas perversas siempre que se les presente la ocasión de hacer-lo libremente".[6] A causa de esta supuesta maldad universal, Maquiavelo exhorta en *El Príncipe* a que el gobernante imite en unos casos el proceder de la zorra y en otros el del león, pues así como la zorra no puede defenderse de los lobos, el león no sabe defenderse de las trampas. Si bien aquí Maquiavelo utiliza un argumento defensivo extraído de Plutarco,[7] obrar como una raposa es lo que según el flo-rentino debe hacer también el propio príncipe en otras ocasiones; quien empuña las riendas del gobierno no sólo no puede, sino que no debe ser de fiar: "Por tanto, un prín-cipe prudente no puede *ni debe* mantener fidelidad en las promesas, cuando tal fidelidad redunda en perjuicio pro-pio"[8] (la cursiva es mía). La razón de ello es que, siendo los demás hombres malos, uno debe ser malo para no quedar en inferioridad. De la atrevida afirmación del ser de las cosas, a saber, que todos los hombres son malos, Maquiavelo deduce el deber ser de la infidelidad en un espécimen de falacia naturalista que para sí hubiera queri-do George Edward Moore. Textualmente: "Si los hombres fueran todos buenos, este precepto no sería bueno; pero, como son malos y no observarán su fe con respecto a ti, tú tampoco tienes que observarla con respecto a ellos".[9] Ahora que salimos de una guerra preventiva, aquí tene-mos un buen ejemplo de mala fe preventiva.

Maquiavelo es lo bastante tácito como para no señalar ante quién en concreto hay que tener mala fe u olvidar las promesas cuando no convienen; tiene la prudencia de emplear para sus ejemplos a los príncipes extranjeros, pero en otros pasajes en que utiliza un estilo impersonal o habla de los hombres en general se ve con diáfana claridad que el destinatario de los mensajes principescos es el "estúpido vulgo": "Pero es necesario saber encubrir bien este natural, y tener gran habilidad para fingir y disimular; los hombres son tan simples y se someten hasta tal punto a las necesidades presentes, que quien engaña encontrará siempre quien se deje engañar".

En la obra política de Maquiavelo destaca un fin único que nunca se discute y al cual hay que sacrificar cualesquiera otros bienes o valores: me refiero al mantenimiento de un poder que el príncipe ha obtenido por no importa los medios y que deberá conservar con igual indiferencia hacia los métodos: "Procure, pues, un príncipe, conservar y mantener el Estado: los medios que emplee serán siempre considerados honrosos y alabados por todos; porque el vulgo se deja siempre coger por las apariencias [...]".[10] Aquí el destinatario de las artimañas y mala fe es el propio vulgo; vale decir, los gobernados. También iba referido a ellos el lema del concurso filosófico de 1778, "¿Es conveniente engañar al pueblo...?", el cual parte de un escrito del gramático y filósofo francés César Chesnau du Marsais titulado *Des Prejugés*. Du Marsais mantenía en él que el pueblo tenía derecho a exigir del príncipe toda la verdad sobre los asuntos de interés público.

El propio Federico II, pese al precedente de su escrito *Contra Maquiavelo*, dio una respuesta positiva a la pregunta del concurso: convenía engañar al pueblo en favor del propio pueblo debido, entre otros aspectos, a sus deficientes condiciones intelectuales. Federico, amigo y protector de filósofos y literatos a quien gustaba ser apodado platónicamente "el rey filósofo" y también el "filósofo de *Sans Souci*", fue, como se sabe, uno de los modelos del llamado despotismo ilustrado, defensor de un centralismo que descansaba en el carácter absoluto del soberano. Sin embargo, el hecho de convocar el concurso y permitir la libre expresión de ideas al respecto ya suponía un adelanto respecto a su padre, Federico Guillermo, quien, haciendo honor a su apodo de "el Rey sargento", ordenó desterrar al filósofo Christian Wolff porque su defensa del libre albedrío podía incitar a los soldados a la deserción.[11] Las aficiones literarias y filosóficas del hijo, Federico II, hombre tolerante que fue denominado "Federico el Grande" por su ilustre huésped Voltaire, no le impidieron albergar una visión pesimista de la naturaleza humana que le llevó a descreer del poder de la educación. En un significativo dictamen a la vez literario, político y diplomático, el premio se repartió en 1780 a partes iguales entre un defensor del "sí", el francés Fréderic de Castillon, y otro del "no", el alemán Rudolf Zacharias Becker. Castillon mantenía que debía mentirse al pueblo con el argumento de su condición de minoría de edad perpetua, y lo hacía mediante una analogía platónica del pueblo con el niño y hasta con el enfermo.[12] El ganador de la modalidad del "no", Becker, sostenía por su parte que las autoridades debían proteger las libertades de expresión y pensamiento al tiempo que educar al pueblo para sacarlo de su estado de postración.[13] Los principales argumentos de Becker no eran muy distintos de los desarrollados en la obra de Cartaud de la Villate; este había vinculado el recurso de los gobernantes a la ignorancia y el secreto con un despotismo que sólo podría superarse educando al vulgo en un clima de libertad de opinión y tolerancia de ideas y costumbres.[14] No sin razón ha encontrado Javier de Lucas ecos del *Ancien Régime* en los argumentos de Castillon, en tanto en los de Cartaud y Becker más bien detecta el rechazo ilustrado al maquiavelismo y, con él, a la consideración del pueblo como menor de edad perpetuo que precisa ser apartado de las cuestiones de gobierno mediante la simulación y la mentira. De Lucas atribuye la reacción de Cartaud al esfuerzo de la ilustración kantiana que culminó en Fichte y su propósito de acabar con "el velo de la ignorancia, secreto y engaño que envuelve el poder de los príncipes en el *Ancien Régime*: el imperativo de la emancipación, de la mayoría de edad y la autonomía de la razón es incompatible con esos medios".[15]

En el texto que aquí presentamos, Condorcet explica su negativa a que el gobernante tenga derecho a engañar al pueblo en bien de este. Admite que las verdades morales son más discutibles que las verdades de las ciencias físicas, y, en consecuencia, se dispone a demostrar mediante una cadena de argumentos que la felicidad común, sin distinción de la procedencia social, será mayor cuanto mayor conocimiento tengan todos acerca de los asuntos que les conciernen. Con su estilo elegante, racional y ceñido al tema del discurso, Condorcet ataca la visión egoísta de las clases superiores que prefieren disponer de todo el conocimiento, porque esto les permite incrementar su poder sobre las clases oprimidas. Sin embargo, la argumentación hasta cierto punto utilitarista de Condorcet apunta premonitoriamente a que esas clases superiores han realizado un cálculo erróneo acerca de su propio bienestar, pues la brutalidad y la ignorancia de los menos favorecidos terminarán por perjudicarles también a ellas. Entre otras líneas de argumentación, desarrolla una interesante dialéctica pre-hegeliana del amo y el esclavo (la *Fenomenología del espíritu* no se publicaría hasta 1807) y también se pregunta cómo puede nadie asegurar que el poderoso no utilizará la mentira para hacer el mal una vez se le haya permitido emplearla para hacer el bien. Condorcet deja traslucir su característico optimismo antropológico en la disertación sobre la noble mentira y refuta la tesis paternalista de que es preciso tratar al pueblo como a un niño ignorante, argumentando que no se debería mentir ni siquiera a los niños. Aceptando *ex hypothesi* la distinción conservadora que segrega al pueblo de la nación para después asociar aquel con la inmadurez mental, Condorcet concluye brillantemente su ensayo recordando el deber ilustrado de abrir las mentes a la realidad y de librar a los espíritus del yugo de la tradición.

El marqués girondino respondió a la cuestión de la "noble mentira" no sólo en el texto que introducimos, sino también en el *Bosquejo de un cuadro histórico*, en que atribuye tal doctrina a los intereses monárquicos y eclesiásticos. Allí consigna el hecho de que, hacia los tiempos de la Reforma Protestante, los principios del maquiavelismo habían llegado a constituir la principal creencia de los príncipes y los pontífices para terminar afectando a las opiniones de los filósofos. Condorcet concluye su análisis en tono de vibrante indignación: "¡Qué moral esperar, en efecto, de un sistema, uno de cuyos principios consiste en que es preciso apoyar la del pueblo sobre falsas opiniones; y otro que los hombres cultos tienen el derecho de engañarle, con tal de que le den errores útiles, y retenerle en las cadenas de que ellos mismos han sabido libertarse!".[16]

Lo que aquí está en juego es la diferencia de conocimiento como herramienta de dominio político: del mismo modo que los dioses mantienen a los hombres ignorantes de su destino y se ocultan a sí mismos de la vista de sus criaturas debido a la diferencia de poder y saber entre unos y otros,[17] también los sabios y pudientes tienen derecho a conservar su ventaja sobre los ignorantes y pobres manteniendo a estos en un estado de atraso y miseria de la que aquellos ya han logrado separarse. Por ese motivo, Condorcet asignará a la educación universal e igualitaria, a la "instrucción pública", un papel tan relevante en la eliminación de la noble mentira. A diferencia del modelo paternalista del Estado en la antigüedad grecorromana, heredado interesadamente por las modernas monarquías, para el cual el pueblo es un niño que nunca va a madurar y que, por tanto, debe ser guiado indefinidamente por un regente de sabiduría paternal,[18] Condorcet pensaba según el modelo ilustrado que con una buena elección de las materias y los métodos de enseñanza se podría procurar al pueblo no sólo la instrucción de todo cuanto un hombre tenía derecho a saber para llevar adelante la economía doméstica o la administración de sus negocios, sino, sobre todo, la capacidad de juzgar por sí mismo los deberes y derechos que le asisten como ciudadano; sólo de esa forma podría evitar las celadas tendidas en su camino por los poderes materiales y espirituales. En sus propias palabras: "para no depender ciegamente de aquellos a quienes hay necesidad de confiar el cuidado de sus negocios o ejercicio de sus derechos; para poder escogerlos y vigilarlos; [...] para escapar a los prestigios del charlatanismo, que tendería lazos a su fortuna, a su salud, a la libertad de sus opiniones y de su conciencia, bajo pretexto de enriquecerle, de curarle y de salvarle".[19]

En su *Informe y proyecto de decreto sobre la organización de la Instrucción pública*, Condorcet ya había declarado con una transparencia aparentemente ingenua que el primer deber de toda instrucción era enseñar sólo verdades.[20] Nuestro autor atribuía la mentira interesada a los intereses particulares y antisociales de la enseñanza clerical, reducida a una mínima parte de la nación que tendía a reproducir con sus privilegios el *statu quo* del Antiguo Régimen, así como a las declaraciones públicas de los ministros y diplomáticos de la facción monárquica. Por ello proclamaba la necesidad de una enseñanza universal, a fin de que los más pobres no se vieran privados del conocimiento necesario para ejercer realmente sus derechos y conocer sus deberes ciudadanos.[21] En la misma obra vuelve a tratar el vínculo entre la "noble mentira" y la estructura social del Antiguo Régimen, con estamentos rígidamente establecidos y perpetuados a través de la reprodución de las elites, donde unos gobiernan y otros son gobernados. Los miembros de esas clases sociales aparecen como individuos de razas diferentes, unos destinados a gobernar y otros a obedecer. Frente al antagonismo entre el saber tácito de las clases altas y la ignorancia inducida de las clases bajas, Condorcet opone el derecho de todos a informarse (en sus términos: "ilustrarse") sobre aquellos intereses que les afectan, así como a conocer todas las verdades, de forma que ningún poder establecido pudiera tener el derecho de ocultarles ninguna.[22] Para evitar que las leyes republicanas se convirtieran en nueva fuente de mera creencia, y, por tanto, de una renovada esclavitud social a través de una religión "laica" o "secular" (Condorcet abominará de la visión criptoreligioso de la Revolución Francesa por parte de los radicales jacobinos, no sólo censurando las hiperbólicas nociones de la Diosa Razón o el Dios Progreso, sino también definiendo a Robespierre como un "falso cura"), nuestro autor promoverá la idea de que la propia Constitución revolucionaria, lejos de repristinar las Tablas de la Ley bajadas del Sinaí a las que de nuevo sería preciso adorar, debía ser modificada cuando la razón y la utilidad así lo aconsejaran.[23]

El interés del lema del concurso de 1778 no ha perdido un ápice de actualidad. Tras Maquiavelo, Federico II o Castillon, muchos otros han sugerido después la necesidad u oportunidad de engañar al pueblo. Dejando atrás el periodo de las Luces, una variante religiosa con implicaciones políticas se desarrolla, a partir de la metáfora del pastor y su grey, en la obra de Fiodor Dostoievsky y más delante de Miguel de Unamuno. Tenía que ser un autor refractario al ideal ilustrado como Dostoievsky, importante en esta línea de defensa de la noble mentira porque fue uno de los autores más admirados por Nietzsche, quien intrincara la negación del libre albedrío en el pesimismo antropológico de la noble mentira mediante su leyenda del Gran Inquisidor en el capítulo quinto de *Los hermanos Karamazov*. Con ella, prefiguró el argumento unamuniano de *San Manuel Bueno, mártir*, ese sacerdote que miente a sus feligreses sobre la vida eterna, en la que él mismo no cree, a fin de procurarles la felicidad.

Aunque nunca propuso engañar al pueblo, Nietzsche sí impulsó en otros autores germánicos posteriores esa conveniencia con su idea de que la mayoría no busca la verdad, sino sólo la creencia satisfactoria, y también con la división del género humano en dos compartimentos estancos: por un lado el noble individuo de distancias, prefiguración del superhombre capaz de afrontar la mirada de la muerte, y por otro la masa ciega que necesita ser consolada mediante falsas esperanzas, incluyendo las de la religión.

El sociólogo Max Weber, por su parte, argumentó en "La política como vocación"[24] que los reinos de la ética y la política son independientes. Su noción de 'ética de la responsabilidad' (*Verantwortungsethik*) vaciaba de contenido práctico los principios morales, los cuales quedaban adscritos a una impracticable en la vida pública 'ética de la convicción' (*Gesinnungsethik*) que Weber ejemplifica en la moral evangélica o en la kantiana, tan elevadas como ineficaces. Esta dicotomía weberiana significa, en la práctica, que los principios morales no pueden aplicarse a la actividad política, siguiendo la idea de Maquiavelo de que la relación natural entre ética y política es la del divorcio. El propio Weber incluyó entre esos principios impracticables el de la veracidad. Y justificó, entre otras, la mentira a los ciudadanos alemanes respecto a las responsabilidades que habían contraído en el estallido de la Primera Guerra Mundial.

Esta línea de pensamiento llega tras la Segunda Guerra Mundial a Leo Strauss, cuyos seguidores han influido en la política exterior de Estados Unidos bajo el mandato de George W. Bush; algunos de entre ellos, incluyendo a Paul Wolfowitz, han desempeñado un papel notorio en la invención del argumento de las armas de destrucción masiva y, en general, del peligro inminente que representaba Saddam Hussein para Estados Unidos, con el fin premeditado de invadir y ocupar Iraq. Entre otros Miles Burnyeat, Gordon Wood, Brent Staples o Shadia Drury han relacionado el papel de los straussianos en el entorno de la Casa Blanca con las ideas de Strauss acerca de la utilidad política de la mentira.

El ideal político de Strauss, filósofo judío emigrado a Estados Unidos en 1938 desde la Alemania nazi y luego profesor en la Universidad de Chicago, es antiguo y platónico en el sentido de que, a su juicio, deben gobernar sólo quienes saben y han de hacerlo, además, al margen de quienes no saben. En diversos lugares defiende asimismo la visión del Trasímaco platónico según la cual la justicia se reduce en realidad al interés del más fuerte. La impronta que se esconde tras el ideal straussiano es, a su vez, maquiaveliana (uno de sus libros más instructivos fue *Thoughts in Machiavelli*, en que elogia la intrepidez del florentino, su grandeza de visión y su grácil sutileza)[25] y nietzscheana, aquella que atribuye sólo a la elite de los sabios el coraje suficiente para mirar de frente la verdad y actuar en consecuencia. Entre los filósofos y los no-filósofos se produce según Leo Strauss un conflicto inevitable, puesto que la sociedad (o también: la ciudad) constituida por los no-filósofos reposa sobre creencias compartidas y, en cambio, la filosofía pone en entredicho toda confianza y toda autoridad.[26]

En este punto se anuda el vínculo de Strauss con la tradición platónico-maquiaveliana de la noble mentira, pues la sociedad (el pueblo) no se encuentra preparada para escuchar la cruda verdad de quienes han sabido reconocerla, razón por la cual pide ser engañada mediante mitos políticos y consuelos metafísicos. Tal incompetencia política del pueblo y tal dependencia de las pasiones resulta, siguiendo la tradición paternalista, irreformable. Saber la verdad desmoralizaría a los ciudadanos corrientes, y de ahí la necesidad de la mentira política. El gobernante debe sacar partido de tales pasiones a fin de conservar el orden social; ha de tratar a los ciudadanos como niños. A diferencia de su amigo y corresponsal Alexandre Kojève, que abogaba por la reconciliación futura entre gobernantes y gobernados, Strauss propugna mantener una gran distancia entre ambos.[27] No hace aquí Strauss sino reiterar la misma distancia que habían defendido Nietzsche, Heidegger y, en especial, su admirado Carl Schmitt, quien denostó el liberalismo por su incapacidad para comprender el fundamento de la política, que no es el entendimiento, sino muy al contrario el enfrentamiento profundo de los grupos; de ahí la polarización insuperable entre las nociones de 'amigo' y de 'enemigo'. Este talante agresivo de la política implica desde luego la necesidad de un enemigo exterior que mantenga unido al pueblo, aunque haga falta crearlo de forma artificial, al modo recomendado también por Maquiavelo. La línea de pensamiento político de confrontación en que todo vale, incluyendo desde luego la mentira estratégica, es profundamente antiliberal y antidemocrática, como se ve en la propuesta de Strauss de utilizar la fuerza procedente de la ausencia de dudas y de discusión: la eficacia política de una nación implica la 'claridad moral' y el ataque a todo relativismo interno. Por esa causa, la insalvable distancia entre gobernantes y gobernados ha de protegerse mediante la ocultación y la mentira, que Strauss justifica en *Natural Right and History* apelando justamente a la superioridad intelectual y moral platónica[28] de los filósofos gobernantes sobre el vulgo gobernado. A partir de esta idea del significado oculto de los *dicta* del sabio de Strauss, dos discípulos suyos escribieron en su obra conjunta *Silent Warfare*[29] que la norma de la vida política se encuentra íntimamente vinculada al engaño, y también sugirieron que debían impulsarse sin ambages tácticas concretas de información que aunaran eficacia y engaño.

Frente al conjunto de estas teorías elitistas, autoritarias y misantrópicas sobre la naturaleza humana que justifican la noble mentira, cabe esgrimir tanto el ideal ilustrado de Kant cuanto la teoría liberal de Mill y la idea democrática de Dewey en el sentido de que el pensamiento y la acción pública son y sólo pueden ser, en el fondo, una tarea colectiva; el primero expuso en *Qué es la ilustración* el ideal ilustrado de emancipación de todos los hombres y el acceso a su mayoría mental mediante la autonomía de la razón, dejando así en entredicho tanto el paternalismo platónico como el elitismo maquiavélico; Mill, por su parte, atribuyó agudamente en *Sobre la libertad* el principio de autoridad basado en el conocimiento (el gobierno de los sabios) al deseo oculto de restringir la libertad de los demás hombres, y este, a su vez, al deseo de imponer su poder sobre ellos y obligarlos a una conformidad ciega; tales deseos latentes, además, harían uso para alcanzar su finalidad de una falsa presunción: la de que no hay sino una sola respuesta a los problemas colectivos y que esa respuesta es conocida sólo por un tipo especial de persona; Dewey, por último, explicó en *La reconstrucción de la filosofía* que la prueba que sirve para decidir si un supuesto bien es auténtico o espurio nos la proporciona su capacidad para resistir la comunicación y la publicidad, y en el resto de su obra que la tarea de toda filosofía es promover la ampliación de la libertad de todos los hombres mediante el conocimiento y la educación.

En una comunicación pública en que el hablante trata a los ciudadanos como seres adultos y responsables es preciso rechazar toda idea de noble mentira. Me atrevería a decir que lo que se opone aquí son dos concepciones del mundo: una autoritaria y otra democrática. Esta diferencia de *Weltanschauung* entre ambas tradiciones fue asociada por Dewey en un escrito de 1942 a la diferencia entre la tradición autoritaria germánica y la tradición liberal anglosajona; en el prólogo deweyano a la segunda edición de su *German Philosophy and Politics*[30] sitúa Dewey a un lado el principio autoritario de la imposición, con su intento de alcanzar de arriba abajo el ideal de una sociedad unida (una comunidad popular o *Völkische Gemeinschaft*) mediante la implantación, a través de la propaganda y la educación ideológicas, de unas verdades absolutas e incontrovertibles, y al otro lado el principio democrático de la comunicación,[31] que pretende alcanzar el ideal de la comunidad mediante la colaboración, la práctica del consenso y la hegemonía de las asociaciones voluntarias, de abajo arriba.

En un Estado democrático, quien es elegido para ejercer labores de gobierno no tiene derecho moral ni político a mentir a su elector, pues está defraudando, prevaliéndose de su posición de poder, la tarea que este le ha encomendado. En una sociedad basada en el poder de la opinión pública, los ciudadanos no deben consentir que sus representantes les mientan en asuntos que les atañen; y cuando esto sucede sin que le cueste su cargo al gobernante es porque el necesario vínculo entre sistema político y vida social se encuentra maltrecho o quebrantado.

No debemos permitir en nuestras sociedades democráticas la así llamada noble mentira. Tal práctica implica una perversión y, en última instancia, una anulación, del espíritu de la propia democracia, que es de naturaleza sobre todo moral. La preponderancia de la actual mentira institucionalizada no radica en el hecho de que los dirigentes tengan en poco la verdad, o que la desprecien. Estimo que aprecian la verdad en lo que vale; a quienes no aprecian en realidad es a sus gobernados. Como en los amenes del Antiguo Régimen que vivió Condorcet, existe también hoy entre las elites gobernantes un problema de desprecio a la libertad y dignidad del público, al que en ocasiones se sigue tratando como menor de edad. Tales actitudes parecen haber olvidado el hecho de que el conocimiento público de la verdad es una condición necesaria para el ejercicio de una democracia sustancial.

El compromiso de Condorcet con la verdad política puede considerarse integral en una época en que los valores parecían someterse a la sola virtud de la eficacia. Tras la muerte que se procuró por su propia mano, la memoria del marqués girondino sería vindicada frente a la de aquellos que la decretaron, cumpliéndose así una de las sentencias que Condorcet había pronunciado en abril de 1791 en su *Discurso sobre las convenciones nacionales* sin saber que hablaba de sí mismo: "La verdad pertenece a aquellos que la buscan y no a los que pretenden tenerla".

Miguel Catalán
Profesor de Ética de la Comunicación
Universidad Cardenal Herrera-CEU, Valencia

Bibliografía

- Castillon/Becker/Condorcet, *¿Es conveniente engañar al pueblo?* (ed. de Javier de Lucas), Madrid, Centro de Estudios Constitucionales, 1991.
- Catalán, Miguel, *Antropología de la mentira. Seudología II*, Madrid: Taller de Mario Muchnik, 2005.
- Condorcet, *Bosquejo de un cuadro histórico: de los progresos del espíritu humano*, Madrid: Espasa-Calpe, 1921.
- Condorcet, *Informe y proyecto de decreto sobre la organización general de la instrucción pública*, Madrid: Editorial Centro de Estudios Ramón Areces, 1990.
- Dewey, John, *Reconstruction in Philosophy*, en *The Collected Works of John Dewey 1882-1953*, Jo Ann Boydston (ed), Carbondale and Edwardsville: Southern Illinois University Press, 1969-1991, *Middle Works*, vol. XII.
- Dewey, John, "The One-World of Hitler´s National Socialism", en *The Collected Works of John Dewey 1882-1953*, ed. cit., *Middle Works*, vol. XV.
- Drury, Shadia B., *The Political Ideas of Leo Strauss*, Londres: McMillan, 1988.
- Goethe, *Obras completas* I, Madrid: Aguilar, 1963.
- Kant, Immanuel, "Was ist Aufklärung?", en *Kants Werke* (Akademie Textausgabe), VIII, Berlín: Walter de Gruyter & Co., 1968, pp. 33-42.
- Kraus, Werner (ed.), *Est-il utile de tromper le peuple?*, Berlín: Deutsche Akademie der Wissenschaften zu Berlin, 1966.
- Lucas, Javier de, "Sobre el origen de la justificación paterna-

lista del poder en la antigüedad clásica", *Doxa*, V (1988), pp. 243-249

- Maquiavelo, Nicolás, *Discursos sobre la primera década de Tito Livio*, Madrid: Alianza, 2000.
- Maquiavelo, Nicolás, *El Príncipe*, Barcelona: Bruguera, 1974.
- Mill, John Stuart, *On Liberty*, en *The Spirit of the Age, On Liberty, The Subjection of Women*, Nueva York y Londres: Norton, 1997.
- Rodríguez Aramayo, Roberto, "Kant y la Ilustración", *Isegoría*, XXV (2001), pp. 293-309.
- Saavedra, Diego de, *Empresas políticas*, Barcelona: Planeta, 1988.
- Sanchis Serra, Arturo D., "La aportación de Max Weber al estudio de la oposición entre la ética de la convicción y la ética de la responsabilidad en el marco de la relación entre la ética y la política", en *Comunicación y estudios universitarios*, IV (1994), pp. 181-192.
- Shulsky, Abram N., y Schmitt, Gary J., *Silent Warfare: Understanding the World of Intelligence*, Washington, DC: Brasseys, Inc., 2002.
- Strauss, Leo, *Natural Right and History*, Chicago: University of Chicago Press, 1953.
- Strauss, Leo, *On Tyranny*, Nueva York: Free Press, 1991.
- Strauss, Leo, *Thoughts on Machiavelli*, Chicago: University of Chicago Press, 1958.
- Unamuno, Miguel de, *San Manuel Bueno, mártir*, Madrid: Cátedra, 1980.
- Weber, Max, *El político y el científico*, Madrid, Alianza, 1972.
- VV. AA., *Aurea dicta*, Barcelona: Altaya, 2009.

Notas

1. Negrín Fajardo, Olegario, "Introducción", p. 9, en Condorcet, *Informe y proyecto de decreto sobre la organización general de la instrucción pública*, Madrid: Editorial Centro de Estudios Ramón Areces, 1990. pp. 7-37.

2. Kraus, Werner (ed.), *Est-il utile de tromper le peuple?*, Berlín: Deutsche Akademie der Wissenschaften zu Berlin, 1966.

3. VV. AA., *Aurea dicta*, Barcelona: Altaya, 2009, p. 401

4. Goethe, *Obras completas*, Madrid: Aguilar, 1963, vol. I, p. 1021.

5. Condorcet, *Bosquejo de un cuadro histórico: de los progresos del espíritu humano*, Madrid: Espasa-Calpe, 1921, p. 196.

6. Maquiavelo, Nicolás, *Discursos sobre la primera década de Tito Livio* I, 3, Madrid: Alianza, 2000, p. 40.

7. "Quo leonis pellis attingere non potest, principi assuendam vulpina", en *Vida de Lisandro*, cit. en Saavedra, Diego de, *Empresas políticas*, Barcelona: Planeta, 1988, p. 275

8. Maquiavelo, Nicolás, *El príncipe*, XVIII, 3, Barcelona: Bruguera, 1974, p. 152.

9. Idem.

10. Ibidem, p. 153.

11. Rodríguez Aramayo, Roberto, "Kant y la Ilustración", p. 305, *Isegoría*, XXV (2001), pp. 293-309.

12. Castillon, "Disertación sobre la cuestión propuesta", en Castillon-Becker-Condorcet, *¿Es conveniente engañar al pueblo?* (ed. de Javier de Lucas), Madrid, Centro de Estudios Constitucionales, 1991, pp. 29-71.

13. Becker, "Respuesta a la pregunta propuesta", en Castillon-Becker-Condorcet, *op. cit.*, pp. 167-9; el discurso completo de Becker ocupa las pp. 73-169.

14. Vid. De Lucas, Javier, "Estudio preliminar" a Castillon-Becker-Condorcet, *op. cit.*, p. xvi.

15. Ibid., p. xv.

16. Condorcet, *Bosquejo de un cuadro histórico…*, ed. cit., p. 171.

17. Vid al respecto mi *Àntropología de la mentira*, Madrid: Taller de Mario Muchnik, 2005, pp. 114 ss.

18. Vid. Lucas, Javier de, "Sobre el origen de la justificación paternalista del poder en la antigüedad clásica", p. 243, en *Doxa*, V (1988), pp. 243-249.

19. Condorcet, *Bosquejo de un cuadro histórico…*, ed. cit., p. 19.

20. Condorcet, *Informe y proyecto de decreto...*, ed. cit., p. 43.

21. Ibidem, p. 44.

22. Condorcet, *Bosquejo de un cuadro histórico...*, ed. cit., p. 201.

23. Condorcet, *Informe y proyecto de decreto…*, ed. cit., p. 47.

24. Utilizo la edición de Alianza editorial: Weber, Max, *El político y el científico*, Madrid, Alianza, 1972. Un útil resumen de la antinomia weberiana se encontrará en Sanchis Serra, Arturo D., "La aportación de Max Weber al estudio de la oposición entre la ética de la convicción y la ética de la responsabilidad en el marco de la relación entre la ética y la política", en *Comunicación y estudios universitarios*, IV (1994), pp. 181-92.

25. Strauss, Leo, *Thoughts on Machiavelli*, Chicago: University of Chicago Press, 1958, p. 13.

26. Gourevitch, Victor, y Roth, Samuel S., "Introducción" a Strauss, Leo, *On Tyranny*, Nueva York: Free Press, 1991, p. ix.

27. Vid. las pp. 194 y ss. de Strauss en *On Tyranny*, ed. cit., donde destaca su espíritu sectario. Strauss atribuye a la secta el ideal de búsqueda de la verdad al margen del resto de la humanidad. Frente al ideal de Kojève de una República de las Letras más abierta, Strauss se inclina por las virtudes de la secta: " El afecto a los seres humanos como seres humanos no es propio del filósofo. Como filósofo, está inclinado a un tipo particular de ser humano, es decir a los filósofos actuales o potenciales o a sus amigos " (p. 200).

28. Strauss, Leo, *Natural Right and History*, Chicago: University of Chicago Press, 1953, p. 151.

29. Shulsky, Abram N. y Schmitt, Gary J., *Silent Warfare: Understanding the World of Intelligence*, Washington: Brasseys, 2002.

30. Dewey, John, "The One-World of Hitler´s National Socialism" en *The Collected Works of John Dewey 1882-1953*, Jo Ann Boydston (ed), Carbondale and Edwardsville: Southern Illinois University Press, 1969-1991, *Middle Works*, vol. XV. p. 445.

31. Idem.

* Traducción de Javier de Lucas

Catedrático de Filosofía del Derecho de la Universidad de Valencia, antiguo director del Colegio de España de París y antiguo presidente de la Comisión Española de Ayuda al Refugiado y antiguo senado por Valencia.

¿ES CONVENIENTE ENGAÑAR AL PUEBLO?*

Condorcet

Se pregunta si puede ser útil al pueblo ser engañado, bien por medio de proporcionarle nuevos errores, bien por mantenerle en los que ya tiene.

Esa cuestión no podría ser propuesta más que en un país que sea libre o que esté sometido a un rey que no tenga necesidad de que sus pueblos estén sometidos a prejuicios para ser obedecido por ellos.

I. ¿Son útiles para el pueblo los nuevos errores?

II. Una vez que la razón ha establecido verdades destinadas a servir de regla moral a nuestras acciones, ¿es útil para el pueblo apoyar estas verdades con errores, so pretexto de que es más fácil hacerle adoptar un error absurdo que hacerle entender las pruebas de una verdad?

III. ¿Es, al menos, útil inspirar errores a los pueblos únicamente con vistas a extraer de ellos motivos sensibles y a su alcance para conformar su conducta a las reglas de la moral?

IV. Si el error es, en general, siempre perjudicial, ¿no habrá al menos algunos objetos acerca de los cuales sea, por así decirlo, necesario, bien por cuanto la razón es por sí sola insuficiente, bien porque la verdad no esté al alcance de todos los hombres? ¿No será necesario el error para cierta clase de hombres?

V. Si consideramos a los hombres entregados a sus errores, ¿podría ser útil dejarles así, destruir una parte de los errores para dejar subsistir el resto o combatir un error mediante otros menos perjudiciales?

VI. ¿Hay algún inconveniente en decir por completo la verdad al pueblo? ¿De qué medios es útil y lícito usar para atacar los errores populares?

VIII. ¿Acaso no hay verdades que se harían perjudiciales para el pueblo porque éste no las entendería e instruirían a quienes quieren proporcionarle los medios que le impiden ilustrarse?

Esas con las cuestiones sobre las que la Academia de Berlín nos pide una solución. Las cuatro primeras abarcan la primera parte del tema propuesto; las cuatro últimas se refieren a la segunda. No se las plantea por temor a entender toda la verdad, pero es a los sabios a quienes corresponde decirla; tratar este tema de forma que todo el mundo pueda entender las consecuencias sería tanto como anunciar de antemano que en todos los casos es deber del hombre de bien decir públicamente y en voz alta todo lo que crea que es verdad.

PRIMERA PARTE

I. La primera cuestión, tomada en sentido abstracto, parece fácil de resolver. Sin embargo, puede tener alguna dificultad. Efectivamente, aquí no se trata de excitar un entusiasta amor por la verdad ni de repetir las elocuentes declamaciones con las que han llenado sus obras los filósofos antiguos y modernos: si se fuera mil veces más elocuente se podría arrastrar a la multitud, pero no se habría dicho nada a los sabios. Tampoco se trata de suponer ante todo que tal opinión es una verdad o tal otra un error, o de establecer a continuación que una es útil y la otra perjudicial. En efecto, no se nos pregunta si tal opinión es verdadera o falsa, útil o perjudicial, sino, en general, si una opinión falsa puede ser útil o, más claramente aún, si del hecho mismo de que una opinión sea falsa se debe concluir que no puede ser útil cuando tal opinión, cualquiera que sea, se convierte en una opinión nacional.

En efecto, si se observa la cuestión desde otro punto de vista, cada hombre, tras haber dado sus opiniones por verdaderas, concluiría que toda opinión verdadera es útil, y como los hombres tienen opiniones diferentes sobre los puntos más importantes de la moral y la política, se seguiría de ello que todos, pareciendo de la misma opinión sobre el tema propuesto, serían realmente de pareceres contrarios. Por ejemplo, un teísta y un ateo convendrían que es útil decir la verdad al pueblo, pero uno, para probarlo, mostraría que la idea de un ser supremo es una opinión peligrosa porque conduce casi infaliblemente a la superstición, y el otro pretendería probar su opinión mostrando que la idea de un ser supremo es necesaria para la moral.

La cuestión, tal como la proponemos aquí, puede merecer ser discutida, e incluso de la solución de esta primera cuestión debe depender la de todas las demás. Trataremos de resolverla cuidando de no considerar como verdadera o falsa ninguna opinión particular en el curso de la investigación.

Entendemos por verdad un hecho o una máxima general que resulta de observaciones realizadas sobre hechos, y no las consideramos verdades más que según su influencia en la felicidad de los hombres. Dejaremos aparte las verdades físicas. Se ha disputado sobre la mayor o menor utilidad de esas verdades, pero nadie ha pretendido nunca que puedan ser peligrosas. Incluso aquellos que han querido hacer desistir a los hombres de ocuparse de ellas sólo han condenado o bien la importancia excesiva conferida al estudio de esas verdades, o bien el mal que podía hacer una semiciencia. Por tanto, no son las verdades físicas las que serían perjudiciales, sino una falsa aplicación de las mismas o un error moral. Nos limitaremos, pues, a considerar las verdades morales y su influencia sobre la felicidad de los hombres reunidos en sociedad.

Supongamos que un hombre haya analizado exactamente las ideas morales complejas, designadas por las palabras de su lenguaje, que conozca los hechos, es decir, la influencia que tienen sobre sus sentimientos y su conducta las diferentes causas físicas o morales que actúan sobre el hombre, y que de este conocimiento de los hechos haya sabido deducir las reglas generales conforme a las que tiene que conducirse para ser feliz y también aquellas respecto a las cuales debe desear que se ajuste la conducta de los demás: de ello se sigue que este hombre, que desea necesariamente ser feliz, querrá que las leyes de su país se combinen de forma tal que le procuren la mayor felicidad posible. Ahora supongamos que todos los hombres de un país conocen igualmente la verdad: como cada uno querrá todo lo que le resulte más ventajoso y razonará justamente, está claro que la mayor parte querrá también necesariamente lo que sea más útil para la mayoría. Así, la voluntad de la mayoría estará siempre de acuerdo con la razón, esto es, con la utilidad general, como la fuerza con la justicia y el interés común: esa reunión es el verdadero motivo, el fin y la perfección de toda constitución social.

Cuantas veces un hombre quiera por interés una cosa injusta, es decir, perjudicial para todos, se encontrará siempre detenido por la voluntad de la mayoría, voluntad eficaz porque se reúne con la fuerza, y voluntad que es seguida porque si suponemos que la mayoría conoce sus intereses, sabrá igualmente cuánto le importa reunirse. Si cada uno emplea sus fuerzas para su propia felicidad y todos emplean la fuerza común, se desprenderá de ello la mayor felicidad posible para la sociedad y para cada individuo.

De este modo, la felicidad de los individuos en cuanto tales y de los individuos en cuanto dependen de las leyes sociales, será igualmente tanto más segura cuanto más conocida sea la verdad. Pero quedan dos objeciones por resolver.

1º Si es útil para un pueblo conocer el conjunto de todas las verdades morales y políticas que influyen en su felicidad, ¿acaso no podría ser peligroso que conozca algunas de estas verdades de modo aislado, ya que este conocimiento podría conducirle a errores funestos al no conocer todas las relaciones de estas verdades? Se puede responder que es imposible concluir un error a partir de una verdad sin haber razonado en falso; o bien que todo razonamiento falso presupone una proposición falsa. No será, pues, la verdad la que habrá conducido a un error funesto, sino una opinión falsa la que habrá conducido a una falsa conclusión. En segundo lugar, si se extrae falsas conclusiones a partir de verdades aisladas mezcladas con algunos errores, es probable que, si no se hubiera tenido otra cosa que errores se hubiera adoptado otras falsas conclusiones y en mayor número todavía. De este modo, el conocimiento de algunas verdades no nos librará de todos los errores, pero disminuirá su número. Los escritores que se vuelven apologistas de los errores populares no han prestado atención a que el abuso de algunas verdades, mezcladas con muchos errores y el uso útil de tales verdades, ha sido olvidado. Nunca es la verdad en cuanto tal lo que es perjudicial, y aun la verdad unida a los errores hace menos mal y mayor bien que lo que hayan podido hacer por sí solos los errores. Por tanto, la verdad es de por sí útil, aunque no se la conozca sino a medias, y sería perjudicial sustituirla por el error.

2º Suponiendo que fuese del interés de la mayoría oprimir a una clase más débil o menos numerosa, en este caso la mayoría, instruida por esa verdad, podría tratar de perpetuar la opresión, y cuanto más ilustrada, más eficaces y seguros serían los medios que adoptase: entonces la mayoría que sacrificase de ese modo a la minoría por sus propios intereses sería injusta y en consecuencia la verdad habría producido un mal.

Así sería, por ejemplo, la opresión legal de las mujeres o de los niños, la de los esclavos en el supuesto de que fuesen menor número que sus amos, etc.

A decir verdad, la clase opresora tiene un interés diferente y separado del interés de la clase oprimida y por eso se puede decir que la verdad que conoce le es útil y que sería igualmente útil para la clase oprimida conocer la verdad ya que si no estuviese engañada no buscaría otra cosa que los medios más seguros para evitar la opresión; también se puede decir, pues, que estas dos clases deben ser consideradas como dos naciones aunque estén situadas en el mismo territorio y asimismo que sigue siendo siempre cierto que el mayor bien de cada cuerpo de hombres, al igual que el de cada individuo, es conocer la verdad, y que ningún error les es útil. Ahora bien, ¿es cierto también que el mayor bien de todos es el resultado de esta combinación?

Este caso se resuelve, en última instancia, en el de dos hombres, uno fuerte y otro débil: la felicidad de los dos, considerados conjuntamente, está de acuerdo con la justicia y exige que el fuerte proteja al débil; pero, ¿lo exige la mayor felicidad del fuerte?

En primer lugar, observemos que, proponiéndonos examinar en general si la verdad era útil y el error perjudicial, sin precisar ninguna especie de verdad o error, no hemos podido entender más que verdades o errores particulares.

Por ejemplo, hemos supuesto que el hombre se conducía siempre según su interés, ya sea éste la pasión, el reposo, etc. Aquí no podemos admitir como probada la verdad general que se funda en la observación de que si es beneficioso para un ser fuerte oprimir al débil, siempre que el débil esté condenado a una sumisión eterna (bien por constitución física, bien por imbecilidad), esa ventaja no sería la misma si el débil fuera un ser razonable con las mismas ideas que el opresor, porque en ese caso está claro que este último obtendría menos ventajas por los servicios del oprimido que las molestias que le supondría el someter a dependencia a un ser semejante, ilustrado acerca de sus intereses y ocupado en hacerlos valer contra su opresor. Para que la opresión pueda ser útil para el opresor, es necesario que el oprimido sea presa de la superstición o esté privado de la razón: esa es la razón por la que la sumisión imbécil de algunos pueblos era muy cómoda para sus sacerdotes, y por lo que la sumisión de las bestias de carga proporciona tanta utilidad a los hombres. Pues bien, no es sólo que el bien total de la sociedad consista en que sean igualmente ilustrados el fuerte y el débil, la clase poderosa y la sometida, la nación fuerte y el pueblo débil, sino que ese es también el interés del más fuerte, porque los errores necesarios para mantener a un pueblo o a una clase como esclavos, en tranquila opresión, son contagiosos: esa mezcla de verdades conocidas por una parte de la nación y errores adoptados por la otra, no puede durar, y o bien el pueblo esclavo se ilustra, o el pueblo dominador se embrutece con aquél, o bien se producirán problemas más molestos para la clase opresora, o bien, en fin, una y otra clase serán igualmente presas de algún tirano.

Sin duda, es inútil advertir que hemos debido suponer que la clase opresora es la más numerosa o al menos que es muy numerosa, es decir, que su fuerza real sobrepasa o al menos equilibra la de la clase oprimida. Más allá de ese punto, el interés de la clase dominante no merece que nos ocupemos de él, porque no nos ocupamos de si la verdad es siempre útil a los tiranos, sino a los pueblos.

Es cierto que habríamos partido con excesiva ventaja si hubiéramos querido admitir la proposición de que existe una regla moral de justicia tal, que resultase útil para el género humano e incluso para cada hombre el que todos y cada uno de los hombres sometieran a ella su propia conducta.

Es igual que esa regla tuviera por base sólo el interés unido al sentimiento natural derivado de la organización, o un sentido moral, o una ley fundada en la naturaleza de las cosas y a la que haya dado sanción un ser eterno, o, en fin, la libre voluntad de dicho ser. En cualquier caso, la conclusión que podríamos extraer de la existencia de esa ley sería igualmente verdadera. Incluso bastaría que ese interés que tiene el hombre por ser virtuoso se diera en la mayor parte de sus acciones, sin que fuera necesario suponer que exista en todas ellas.

De ese modo, la suposición de una regla moral podría ser contemplada como constante, sin derogar la ley que nos hemos impuesto y que consiste en no admitir como verdadera ninguna opinión particular. Pero hemos advertido incluso que no es necesario admitir esa proposición para poder concluir que el beneficio general del género humano, de una nación, de un grupo de hombres, consiste en conocer la verdad acerca de los objetos generales de la sociedad, cualquiera que sea dicha verdad.

II y III. La búsqueda de la verdad es difícil para el hombre y sus pasiones pueden impedirle conducirse según su interés real y permanente. ¿Cabría, quizá, paliar alguno de esos inconvenientes añadiendo a esas verdades ciertos errores especulativos que se haría adoptar al pueblo? ¿Y si fortaleciéramos, mediante motivos fundados en opiniones erróneas, los intereses razonables en conducirse bien?

En el primer caso, se creería en verdades útiles, pero a partir de falsos principios. En el segundo, se podría encomendar la verdad a la discusión de la razón, pero lo que hubiera declarado verdadero la razón estaríamos obligados a seguirlo por motivos, en realidad, erróneos.

Debemos discutir por separado esas dos cuestiones.

II. Respecto a la primera, no vale la pena que nos detengamos apenas en ella, porque esa opinión presenta dos inconvenientes demasiado llamativos como para que se pueda dudar de prohibir tal suerte de error.

El primero es que los hombres que se dieran cuenta de la falsedad de esas opiniones, al rechazarlas, se expondrían a rechazar también las verdades a las que se hubiera proporcionado esa base tan débil.

El segundo, que es casi imposible que los hombres encargados de mantener al pueblo en tales falsas opiniones, en lugar de destinarlos al apoyo de la verdad, no se sirvan de ellos para establecer errores peligrosos.

III. La segunda cuestión es más importante. En efecto, la primera no puede ser decidida por ningún filósofo de forma diferente a como lo hemos hecho. Todo lo más, podría ser que un sacerdote de SAMONOCODON, hipócrita y sofista, quisiera probar al rey de Siam que los siameses se devorarían mutuamente si no creyesen que SAMONO-CODON ha venido a la tierra expresamente para enseñarles que no hay que comerse unos a otros. En Europa, nadie se atrevería a hacer tales razonamientos.

Los motivos erróneos tienen un inconveniente similar a los de los falsos principios, y es que si un hombre que está convencido de las verdades morales no adecua a ellas sus propias acciones sino a la vista de esos falsos motivos, se debilitarían necesariamente los principios razonables, los sentimientos naturales que llevan a mantener una conducta justa y se verá expuesto a carecer en absoluto de moral en cuanto descubra la falsedad de tales motivos erróneos.

Hay aún otro inconveniente en ellos: la costumbre de disparatar, cuyas influencias se tornan más peligrosas cuanto más importante es el objeto sobre el que se desatina y más se entretiene en ello. Este defecto se extiende con mayor fuerza y velocidad sobre todo a los objetos análogos a aquellos sobre los que se disparata y a los más conectados habitualmente con ellos. Por tanto, es muy difícil que razone bien sobre estas verdades el hombre que se cree obligado a conformar su conducta según lo que considera verdades útiles para los hombres, pero que lo cree por motivos erróneos. Cuanto más atento esté a estos motivos, les concederá más importancia y estará más expuesto a equivocarse.

De todo ello se sigue que cuanto más absurdos sean los motivos, más peligrosos, y que cuanto más se aproximen a la verdad, esto es, cuanto más difícil sea establecer su falsedad, menos inconvenientes tendrán. Por ejemplo, un hombre que crea haber encontrado la cuadratura del círculo, seguramente está más cerca de desatinar sobre cualquier otra cosa que otro a quien se le haya escapado tan sutil paralogismo.

Por lo demás, ¿cuál sería la utilidad de esos motivos? No podría ser otra que remediar la insuficiencia de los motivos naturales. En ese caso es necesario reconocer que la opinión acerca de esta insuficiencia ha sido tan fuertemente arraigada por los sofistas, los cuales hallaban provecho en degradar a los hombres para engañarlos, que se ha convertido en uno de los errores más extendidos y funestos. Pero, al mismo tiempo, es tan envilecedora para el género humano que cualquier hombre de genio elevado y alma pura indudablemente tendría dificultad en admitirla de no ser porque la costumbre le familiariza con todo cuanto de vergonzoso y funesto encierra esa opinión. Examinémosla con sangre fría y, para combatirla, tratemos de olvidar por un momento cuan repulsiva sea.

En primer lugar, es fácil observar que si suponemos una buena legislación y una buena constitución políticas, los hombres hallarán suficientes motivos naturales derivados de su interés como para comportarse bien en la mayor parte de sus acciones, salvo que se vean desviados de ello por sus pasiones. Ahora bien, la experiencia ha probado que tan cacareados motivos no sirven para nada más. Efectivamente, ¿cómo actúan? Oponiendo el entusiasmo del miedo, la esperanza, etc., al de las pasiones. Eso significa que habría que volver entusiastas de ese modo a todos los hombres, pues, sin ello, cualquier hombre que se vuelva apasionado dejaría de estar contenido por tales motivos. Sin embargo, no tenéis necesidad de ello si admitís la existencia de hombres entusiastas, porque el error no tiene el derecho exclusivo de excitar el entusiasmo. Se sabe qué poder tiene sobre los hombres el temor a la opinión (de los demás): en el caso de los duelos, por ejemplo, les hace superar el amor por la vida, el propio estado, la fortuna o el temor del infierno, y su efecto es tan seguro que de mil hombres que rehusasen batirse no encontraremos uno cuyo motivo sea otro que el miedo. El mismo efecto podrían tener el temor de ser considerado malvado por todos los hombres, inevitable para el culpable si se aclaran sus verdaderos intereses, o bien el temor a nuestros propios remordimientos. Ese temor existe inevitablemente en todas las almas: para un hombre (salvo que los perjuicios, el hábito o la educación le hayan desnaturalizado) es tan imposible cometer una acción que cause dolor a otro sin experimentar una sensación dolorosa, como cortarse un dedo sin hacerse daño, salvo que se sea paralítico.

Por consiguiente, bastará que la educación lleve esos motivos hasta el entusiasmo que, en ese caso, consistirá en representarse fuertemente y de forma simultánea todos los males que derivarían de una mala acción tanto para nosotros como para los demás: esto no sería un error, sino una manera más rápida, fuerte y entera de ver la verdad. Por tanto, disponer a los hombres para tal entusiasmo no sería engañarlos. Tales motivos, basados en la constitución del hombre y en sus pasiones, se olvidarán menos y actuarán de modo más constante que los motivos erróneos, y además pueden actuar sobre mayor número de hombres. Un entusiasmo así no se pierde cuando se descubre la verdad, como sucede con el que se funda en el error, sino sólo cuando las pasiones se apagan y, de otro lado, ese motivo para ser virtuoso no se debilita más que con el interés de no serlo.

No es objeción el que sea necesario un freno para los crímenes secretos. En efecto, 1º, el temor a la vergüenza llevado hasta el entusiasmo, apenas permite considerar que permanezca escondida de modo seguro ninguna acción verdaderamente criminal, y la certeza del más impenetrable secreto no salva al culpable del sentimiento penoso que precede al crimen ni del terror de los remordimientos que lo siguen. 2º, los ocultos crímenes que tenga interés en cometer una gran pasión son muy raros y dependen de muy singulares combinaciones, de modo tal que, si suponemos que el entusiasmo debido al miedo sea más fuerte que el de las pasiones y que no pueda ser reemplazado por el temor a los remordimientos, las ocasiones en que tal pavor sería útil son tan raras que los inconvenientes propios de estos motivos erróneos superan con mucho a sus ventajas. No tenemos necesidad de probar que dichos motivos erróneos impiden alguna vez los crímenes; basta que no los impidan frecuentemente ni de modo más seguro que los motivos naturales. Ni siquiera tenemos necesidad de suponer que no haya casos en los que estos motivos erróneos puedan actuar sobre los individuos lo bastante mal constituidos como para que los motivos naturales no hubieran tenido su efecto en ellos: nos basta con que los beneficios de los motivos erróneos sean nulos en comparación con el mal que esos errores traen consigo. Una moral útil para la felicidad de un pueblo no trata tan sólo de impedir crímenes secretos reservados a los grandes criminales, sino de impedir sobre todo los grandes crímenes públicos. Ahora bien, los motivos naturales bastan para impedir los pequeños crímenes inspirados por las pequeñas pasiones, y en cuanto a los grandes crímenes públicos, como la opresión del pueblo, la destrucción de la Constitución del Estado, las proscripciones o masacres, interroguemos a la Historia y veremos que son las luces y las buenas leyes lo que le ha faltado a los pueblos que han sido víctimas de ellos, y no los motivos sobrenaturales, e incluso veremos que estos últimos motivos han sido a menudo el pretexto de tales horrores o han servido para ahorrar los remordimientos por ellos.

Advirtamos siempre que partimos del supuesto de una buena legislación, de un pueblo ilustrado, porque la suposición contraria pertenece a otra sede de nuestra argumentación.

Del mismo modo, suponemos siempre que estos motivos de temor son falsos, porque si fuesen verdaderos serían más o menos útiles, pero nunca perjudiciales.

IV. Hasta aquí hemos mostrado cómo, en general, el error no puede sino ser nocivo. Sin embargo, cabe preguntar si, a la vista de la ignorancia de la que son presa la mayoría de los hombres, no habría ciertas verdades de difícil comprensión que deberíamos sustituir por el error, al menos por lo que se refiere a los hombres ignorantes, los estúpidos o débiles. Incluso es posible preguntarse si se debe sumergir en el error a aquellas clases de hombres a quienes las necesidades no dejan tiempo para instruirse.

Las verdades necesarias para el común de los hombres no son de suyo complicadas. Si lo parecen es porque no se ofrecen a los filósofos con el aparato de dificultades que ha introducido la metafísica. Los filósofos tienen razón en profundizar en estos objetos, pero el pueblo podría conocer la verdad sin profundizar en ello. ¿Acaso algún hombre tiene necesidad de reflexionar mucho para sentir que corresponde a su propio interés no hacer nada malo a los que le rodean, que si les perjudica con acciones que escapan a la jurisdicción de las leyes se expone a su odio, y que si se hace culpable de crímenes más graves se expone a la venganza de las leyes? ¿Hay que reflexionar mucho para sentir que no se tiene ningún derecho de hacer mal a nadie, que la propiedad de cada uno debe ser inviolable precisamente por el propio bien? Estas verdades son sencillas, y bastan para regular la conducta del pueblo, cuyas acciones no son más complicadas que sus ideas.

No nacemos en absoluto con un espíritu falso, pero es fácil hacer adoptar como verdades bien errores, bien máximas falsas que tengan apariencia de verdad. El gusto por la sutileza, la vanidad, los prejuicios ligados a nuestros intereses y pasiones, multiplican la falsedad de espíritu, y si en casi todas partes el pueblo tiene ese espíritu erróneo no es porque sea ignorante, sino porque en casi todas partes se ha hecho todo lo posible por volver estúpidos y locos a los hombres.

Es culpa de las leyes si el pueblo no tiene nada que ganar con ser honrado y si está demasiado frecuentemente expuesto a cometer crímenes para poder proveerse de lo necesario. Como quiera que son los errores quienes convierten en malas a las leyes, sería más sencillo destruir esos errores que no añadirles otros para reparar el mal de los primeros. No porque se pueda emplear los sistemas de errores para reparar una pequeña parte del mal que se ha hecho hay que caer en la imbécil debilidad de bendecirlos como si fueran útiles.

Por lo demás, lo que hemos dicho anteriormente se aplica también aquí. Sin duda, el error produciría algún bien, prevendría de algunos crímenes, pero produciría mayores males. Los errores que se le mete al pueblo en la cabeza lo vuelven estúpido; ahora bien, de la estupidez a la seducción y a la ferocidad no hay más que un paso. Además, si los motivos que se le da para que sea justo no logran sobre su espíritu más que una débil impresión, no dirigirán su conducta, y si consiguen ejercer viva impresión le harán entusiasta y entusiasta para el error. Pues bien, el entusiasta ignorante no es un hombre, sino la más terrible de las bestias feroces.

En fin, si se deja que los dueños de la moral sean hombres, quienquiera que fuese, no habrá más reposo, ni libertad ni virtud en la nación. Si se deja al pueblo que sea dueño de razonar sobre la moral, y sólo se le añaden falsos motivos, se caerá en una extraña contradicción: de un lado se confiesa que tiene espíritu suficiente como para discernir lo que es justo, y de otro se niega que lo tenga como para saber que tiene interés en ser justo. Pues bien, es todo lo contrario: si yo cometo tal acción no tendré defensores, mis vecinos me detestarán, las leyes me castigarán, esas son ideas más sencillas aún que las que resultan necesarias para que un hombre sepa que tal acción es justa o injusta.

Si se examina a la mayor parte de los hombres que cometen crímenes, en general no lo son por falta de haber sido educados en reconocer motivos extraños para ser justos. Proporcionalmente, el número de culpables entre los hombres de prejuicios es mayor que entre quienes no los tienen. ¿Cuan pocos crímenes más se cometerían por ausencia de tales falsos motivos? Comparemos su efecto con el de los horrores que han hecho cometer esos motivos: la noche de San Bartolomé, las masacres en Irlanda, etc. Veamos que si un pueblo, animado por tales motivos, está engañado o se engaña acerca de la moral, dichos motivos se convierten en instrumento de crímenes y aun de los grandes crímenes que provocan la desgracia de las naciones y la ruina de los imperios.

No ignoro que en actual estado de Europa posiblemente el pueblo es incapaz de tener una verdadera moral, pero la estupidez del pueblo es el resultado de las instituciones sociales y de las supersticiones. Los hombres no nacen estúpidos ni locos: se convierten en tales. Si al pueblo se le habla razonablemente y se le enseñan cosas verdaderas en los escasos instantes que puede dedicar al cultivo de su espíritu, se le podría instruir en lo poco que precisa saber. Ni siquiera es difícil insinuarle la misma idea del respeto que debe tener por la propiedad del rico a no ser porque,

1º El pueblo considera las riquezas como una especie de usurpación, un robo que se le ha hecho, y desgraciadamente en parte esta opinión es verdadera.

2º Su excesiva pobreza le hace siempre considerarse en estado de absoluta necesidad, caso en el que incluso los más severos moralistas son de su parecer.

3º Es tan despreciado y maltratado por ser pobre como lo sería si estuviese envilecido por las trapacerías.

Por consiguiente, sólo en la medida en que son malvadas las instituciones es por lo que el pueblo es, con tanta frecuencia, un poco ladrón por principio. En general, sea cual fuere el principio de moral, virtud o religión que se de a un pueblo, no tendrá nunca moral, virtud ni principios sino allí donde el hombre tenga interés en tenerlos o más bien donde los hombres no crean tener un gran interés en carecer de ellos, porque digan lo que digan algunos moralistas, con que haya un poco más de interés en elegir el bien en lugar del mal basta para que el hombre elija siempre el bien.

Usualmente se escoge siempre a mujeres y niños entre las clases de seres humanos que se cree que deben ser entregados al error. Por lo que respecta a las mujeres, y puesto que no hay más diferencia entre ellas y nosotros que las que corresponden al físico propio de su sexo, la idea de que sea preciso someterlas a errores de los que los hombres están exentos no puede sostenerse más que por quienes quieran ser sus tiranos. Los principios que hemos expuesto más arriba prueban que en ese caso el error no es útil ni para los hombres ni para las mujeres.

La mayor parte de los padres creen hacer bien en engañar a los niños acerca de los motivos que deben regir sus acciones. ¿Por qué quieren darles motivos cuyas falsedad conocen ellos mismos? ¿Es para guiar su conducta durante la infancia? Sin duda, no. Esta costumbre de las ayas de llenar la cabeza a los niños con terrores pueriles para guiarles más cómodamente deber ser excluida de toda educación razonable.

Todo ello no es propio de la madurez: los padres deben suponer que los principios que les quedan a ellos son suficientes para ser honestos, y si no lo creen así, no deben pensar que sea importante para sus hijos tener otros. De otro modo, es que pretenderían hacerlos mejores que ellos mismos únicamente para hacerlos estúpidos. Por tanto, sólo nos queda el espacio que separa la infancia de la madurez, el tiempo de las pasiones y las debilidades, para el que se teme que la sola razón sea demasiado débil. Pues bien, este espacio es precisamente aquel en que los jóvenes sentirán la contradicción que reina entre sus inclinaciones y las opiniones que se opone a ellas, y querrán examinar el fundamento de tales opiniones. Al primer choque, este frágil fundamento caerá y con él se derrumbará todo el edificio de la moral. Precisamente a esta edad en que la razón aún no tiene toda su fuerza, es cuando la distinción entre los fundamentos que apoyan la moral y los propios principios de la moral es muy difícil y resulta casi imposible distinguir entre las acciones que la educación nos hace considerar criminales y las que verdaderamente lo son, o son indiferentes o incluso loables, o bien, respecto al orden a establecer entre las malas acciones,, sustituir el orden fundado en la superstición por otro basado en la naturaleza, distinción que no es necesaria tanto para dirigir las propias acciones (porque hay que evitar todas las que sean malas), sino para juzgar a los demás y tratar con ellos. Así, para preservar a los niños de alguna de las faltas de la juventud se les expone en realidad a no tener nunca moral y a cometer todos los crímenes propios de la madurez.

Aún existe un inconveniente más peligroso: los errores que se pretende inspirar a los niños y que hemos alejado de nosotros, nos parecen humillantes; cuanto más vergüenza se tiene de ser sospechoso de haberlos mantenido, tanto más difícilmente se oculta el haberlos rechazado; el niño, por consiguiente, apenas sea libre, apenas se vea junto a quienes son de su edad, aprenderá como primera lección que todos los padres, todos aquellos que han querido hablarle de sus deberes, son mentirosos e hipócritas, y tendrá la tentación de extender a sus acciones la falsedad que ha sorprendido en sus opiniones. Es inútil insistir en las consecuencias de este descubrimiento. Tampoco se puede confiar en prolongar estos errores porque todo lo que queda de educación los contraría, porque se ha tratado de hacer conocer al niño todo cuanto le es necesario para percibir lo absurdo de lo que se le ha querido hacer creer.

Para sustituir los errores de la educación por principios razonables, es necesario que el joven se forme ideas justas y precisas acerca de aquellos objetos sobre los cuales no ha tenido más que ideas vagas y falsas, mientras que para librarse de los errores que se le ha enseñado basta con un momento de reflexión. De este modo, con esa mala educación, se priva a los niños de conocimientos útiles, necesarios, que luego resultan difíciles de adquirir, y como base de su moral se le proporcionan errores que perderán muy fácilmente.

Segunda parte

Los principios que hemos expuesto bastan para resolver las cuestiones que nos quedan por examinar.

En efecto, si el error no puede ser nunca útil, hay que tratar de destruirlo allí donde se encuentre. A ese objetivo es al que hay que tender, y la conducta más útil para los hombres es la que les libre de todos los errores del modo más seguro, más pronto y con menos trastorno.

No repetiremos aquí las declamaciones de los sofistas que no quieren que se arriesgue perturbar el presente en nombre de un lejano futuro, que pretenden utilizar las estupideces populares en bien de la sociedad, que quieren dejar al pueblo en el error en nombre de su utilidad, etc. Esperamos que la prudencia con la que hablamos tenga la doble ventaja de no parecer una peligrosa hipocresía a los ojos de los verdaderos amigos de la humanidad y la de parecer una audacia culpable a los ojos de sus enemigos.

V. La utilidad de los errores menos funestos que sustituyen a los más peligrosos es la apología de los inventores de las falsas religiones. La utilidad de los errores necesarios en los que se deja a los pueblos es la de los reformadores de tales religiones. Exami-nemos estos dos principios.

1.º Si se rastrea entre los hombres la historia de los errores, se verá que en un principio son muy sencillos: se trata únicamente de consecuencias inmediatas de algunos hechos imaginarios. Sin embargo, inmediatamente se extienden, se hacen sutiles, forman una especie de sistema, hasta que son reemplazados por la verdad o por nuevos errores. Por tanto, es imposible que quien establece errores que él mismo considera inocentes, prevea cuántas extravagancias funestas y monstruosas saldrán a la luz en el futuro a partir de la semilla fatal que sembró.

2.ºº Los errores, cuando nacen, no infectan más que a un pequeño número de hombres, pero, con el tiempo, el número de los imbéciles aumenta. Entre el momento en el que esos errores alarman a los partidarios de los errores anteriores y el momento en que estos últimos desaparecen, en cada nación se forman dos partidos, y si es verdad que no siempre esos dos partidos dan lugar a una guerra, provocan continuas revueltas y acaban con la opresión de uno de ellos por el otro.

3.º Es imposible proporcionar errores a los hombres menos ilustrados sin utilizar para ello, para hacer que los adopten o los mantengan, un supersticioso entusiasmo.

Asimismo, es imposible prever hasta qué punto llegarán los fanáticos y los malvados en la prosecución de su entusiasmo.

4.º Las religiones nacionales hacen a los hombres estúpidos y crueles para con los extranjeros; las universales, llevan al proselitismo y la intolerancia. Las religiones que consisten por entero" en prácticas embrutecen a los hombres; las que están llenas de dogmas, los vuelven insensatos y crueles. Entonces, ¿qué bien se le hará al pueblo cambiando un culto de una clase por otro de clase diferente? Pues eso es precisamente todo lo que puede hacer el fundador de una religión falsa.

Cualquier inventor de una falsa religión es un flagelo para la humanidad.

¡Se alardea de la moral introducida por esos impostores! ¿Acaso es mejor esa moral que la de PLATÓN, EPICTETO, MARCO-AURELIO, CICERÓN, SÉNECA? Cuando se lee con prevención esos códigos de moral religiosa, ¡cuan inferiores se les encuentra a las obras de los filósofos! ¿Acaso no podemos encontrar en aquéllas incluso máximas falsas, exageradas, capaces bien de envilecer a los hombres, bien de convertirlos en inútiles o peligrosos entusiastas para la sociedad, bien destinadas a minar los propios fundamentos de la sociedad, a destruir sus virtudes útiles y activas?

El curso seguido por los reformadores es diferente: ellos no tratan de sustituir unos errores por otros, sino que su objetivo parece disminuir el número y el carácter absurdo de los mismos. Hasta ese punto, no se puede ver nada que no sea útil, pero se supone que todo reformador de una religión debe admitirla: si rechaza una parte de ella es sólo por introducir disputas teológicas. Las religiones se fundan en libros, en usos antiguos, en la autoridad de los sacerdotes. Un reformador de una religión disminuirá la autoridad de los sacerdotes, o someterá los libros y usos a la autoridad de la razón, pero no podrá hacerlo sin limitaciones. En cuanto esos libros hayan sido considerados como auténticos, todo lo que contengan se transforma en sagrado y la razón deberá limitarse a entenderlos mejor. De ese modo, la reforma habrá sustituido la autoridad de los sacerdotes por el fanatismo de los particulares, lo que será un bien o, al menos, un mal menor. La razón humana habrá quebrado una parte de sus cadenas, pero lo que quede de ellas será más duradero. Dejándole al pueblo una especie de libertad de elegir sus errores, con tal de que los extraiga de la fuente establecida, los tendrá a gala en lugar de considerarlos estupidez: sus errores se harán más suyos.

Se podría comparar el estado de dos naciones, una embrutecida bajo el yugo de los sacerdotes y la otra envanecida con sus argumentos, con el de dos hombres, uno ignorante y que no sabe más que las tonterías populares que ha oído y otro más esclarecido pero que ha adoptado falsas luces: sería difícil juzgar a cuál de los dos es más fácil hacerle conocer la verdad.

Observemos que, para mostrar hasta qué punto los hechos están de acuerdo con nuestros razonamientos al hablar del establecimiento de falsas religiones y de su reforma, no tenemos necesidad de suponer que alguna de ellas en particular sea falsa, lo que sería contrario al principio conforme al cual escribimos esta obra. En efecto, está claro que todas las religiones conocidas, salvo una, son falsas. Cualquiera que sea la que consideremos verdadera, bastaría con la historia del mal que han provocado las demás para probar la verdad de nuestra afirmación.

VI. Los errores de los que hemos hablado hasta aquí son errores generales, cuyo objetivo es, según se dice, hacer mejores a los hombres. Sin embargo, hay errores particulares que han contribuido a la grandeza y al poderío de algunas naciones.

La creencia en una estatua milagrosa a la que estaba vinculado el destino del imperio, en oráculos que anuncien la victoria, o la persuasión de que sería eternamente feliz si se muere por el propio país, todo ello, todas esas creencias, han producido grandes efectos y las imaginaciones que se han visto conmovidas por ellas han creído que era útil emplear estos medios. Los fuertes licores tienen el mismo poder, y sin embargo sería gracioso erigir la embriaguez como principio político, aunque sería un mal menor, porque la embriaguez es un vicio menos vergonzoso que la superstición. Los soldados ebrios en un día de batalla pueden ser al día siguiente hombres razonables, pero los soldados fanáticos no serán nunca otra cosa que locos peligrosos.

Por lo demás, estos medios tan cacareados tienen el inconveniente de producir dos efectos contrarios. Si ligáis la suerte de un imperio a la existencia de una estatua, efectivamente dependerá de ella: en cuanto un rayo, una traición, un accidente hagan que ésta se pierda, el pueblo se hundirá en un estúpido abatimiento y el imperio será destruido. Si empleáis los oráculos, quedaréis dependientes de aquellos que lo pronuncian; si os servís de la esperanza del cielo, os entregaréis a quienes han usurpado sus llaves. Por otra parte, el desprecio de la muerte es un sentimiento menos extraordinario de lo que se cree. Se teme a la muerte porque se ha ocultado sus consecuencias en una terrible oscuridad.

Los hombres se han hecho tímidos porque se les ha convertido en supersticiosos; también en este caso la superstición no es más que un remedio insuficiente para los males que ha provocado. Juvenal decía:

Summun crede nefas animam praeferre pudori,
Et propter vitam vivendi perderé causas.

Habría podido sustituir la palabra crimen por estupidez, y tal sería el sentimiento de todos los hombres a quienes la educación no les haya estropeado la cabeza o debilitado el corazón.

Entre estos errores particulares que se supone son útiles para cada nación, algunos autores hablan del amor a la patria; unos para favorecer más la causa del error, confundiendo con el error un sentimiento natural y necesario para el mantenimiento de la sociedad; otros, porque han confundido con el verdadero amor a la patria el orgullo nacional o algunos prejuicios locales. Es imposible que el hombre exista en sociedad sin que una gran parte de su felicidad particular no dependa de la bondad de las leyes, de la riqueza nacional, de la prosperidad pública, y el interés de cualquier particular está unido con el interés de la sociedad. Toda desgracia pública, todo revés acaecido a la nación, tendrá seguramente una débil influencia sobre un gran número de particulares, pero también una gran influencia sobre otro gran número. Es imposible que el espectáculo de la desgracia que afecta a quienes nos rodean, que la propia desgracia, nos sea ajena absolutamente, que no excite en nosotros sentimientos muy dolorosos. La idea de que existan cien mil desgraciados a nuestro alrededor es un dolor tan real como un ataque de gota. El amor por la patria, pues, es un sentimiento natural inspirado simultáneamente por las dos únicas causas morales que actúan sobre nosotros: nuestro propio interés y nuestra benevolencia hacia los demás. Este sentimiento no es contrario al de la benevolencia universal. MARCO AURELIO ya decía: "prefiero mi familia a mi patria". Sin embargo, MARCO AURELIO hizo la guerra para defender las fronteras del imperio romano y no era que prefiriese su patria al universo, sino que prefería Roma a un pueblo extranjero.

El amor por la patria, inspirado por esos motivos naturales, es susceptible del mismo entusiasmo que otros sentimientos, entusiasmo momentáneo y ciego en la mayoría de los hombres, pero esclarecido y duradero en las grandes almas.

El error y los prejuicios no harían más fuerte este sentimiento, y podrían convertirlo en inútil y peligroso. Si se añade a ello el odio a otros pueblos, multiplica y eterniza las guerras. Si se le mezcla con el amor por los antiguos usos y opiniones nacionales, el amor por la patria se opondrá a los cambios útiles y no será más que el instrumento de los enemigos secretos de la nación.

Henos por fin ante los únicos puntos verdaderamente interesantes entre los que teníamos que tratar.

VII. ¿Hay inconveniente en decir al pueblo toda la verdad? ¿De qué instrumentos es lícito y está permitido servirse para atacar los errores populares?

Si echamos una ojeada sobre este planeta, al examinar de qué errores absurdos y crueles son presa los hombres, veremos que existen rincones, qué digo, partes enteras, en los que no hay ninguna verdad claramente definida sobre ningún argumento posible, o bien todo aquello que se cree es completamente falso. En fin, considerando que, aún en el siglo más ilustrado y en los países en los que las luces han hecho mayores progresos, los errores religiosos son compartidos por casi todos los hombres, y que entre quienes escapan a ellos las nueve décimas partes son no menos presa de errores políticos casi tan groseros y que posiblemente hay menos hombres absolutamente sin prejuicios que teólogos justos, sin duda causará asombro que parezcamos tener miedo de que los hombres vean demasiado claramente. En realidad, no es éste el temor que nos detiene: la verdad, una vez conocida, será siempre útil, pero el paso del error a la verdad puede venir acompañado de algunos males. Todo gran cambio arrastra consigo algunos y aunque estén siempre muy por encima del mal que quieren destruir, se debe tratar de disminuir tales males. No basta hacer el bien; es preciso hacerlo bien. Sin duda, hay que destruir todos los errores, pero como es imposible hacerlo con todos a la vez, se debe imitar al sabio arquitecto que, obligado a derruir un edificio, y conocedor de cuan unidas están sus partes, lo hace demoler de forma que su caída no sea nada peligrosa.

Los únicos errores que hay que destruir con precaución son aquellos que pueden influir en la conducta privada o pública de los hombres. De ese modo, nuestra cuestión se reduce a las dos siguientes: un pueblo apoya su moral sobre una falsa creencia religiosa; ¿cómo hay que destruir sus prejuicios sin que el vicio quede sin freno? Un pueblo ignora sus derechos políticos y el medio de recuperarlos; ¿cómo hacérselos conocer sin exponerlo a turbar su paz?

No hay más que tres medios generales para influir en el espíritu de los hombres: las obras impresas, la legislación y la educación; uno de esos medios actuará sobre el pueblo ilustrándoles en la manera de atacar los prejuicios mediante las leyes: los otros pueden actuar de modo inmediato sobre el pueblo por medio de los jefes que quieran establecer la verdad. Así, primero ilustrará la obra impresa; las leyes y la educación verdaderamente pública y dirigida por esas leyes acabarán la tarea.

Examinemos la influencia de estos medios, tanto sobre los errores religiosos como sobre los políticos. El pueblo lee poco, y, desde luego, en la actual situación, no hay que temer que los libros le ilustren demasiado. Los que atacan una falsa religión son de dos clases: unos examinan los fundamentos de la moral y de la religión, y eso no es lectura para el pueblo; otros, al atacar una religión, muestran sus absurdos e inconsecuencias; en ese caso, los razonamientos son más sencillos, advierten e incluso pueden llegar a ser populares, y es fácil hacerlo de forma que esos libros no sean perjudiciales y que no destruyan la moral al destruir los extravagantes fundamentos en los que estúpidamente se ha buscado apoyo. La opinión que es importante mantener en todo caso es la que sostiene que el dios que es adorado por el pueblo, sean cuales fuere su nombre o las aventuras que se le suponga, cualquiera que sean las maldades que hayan acreditado sus sacerdotes, prohíbe a los hombres las acciones contrarias al bien de sus semejantes y castiga las malas acciones mientras recompensa las buenas. Así pues, ¿es menos dios el dios Brahma? ¿acaso ama menos las buenas, acciones porque no tenga diez cabezas, no se haya convertido en pez o no haya yacido con una mujer? ¿No es posible probar cuan absurda son todas esas aventuras, y que tales aventuras son ridículas, sin que ello suponga atacar su existencia? ¿No es posible probar que un hombre no estará peor en el otro mundo por no haber agarrado el rabo de una vaca sin que ello suponga el riesgo de enseñarle que no será castigado por un parricidio? ¿Estará, pues, más cerca de ser un criminal el hindú a quien se haya enseñado que el agua del Ganges y algunas palabras dichas por un Brahamán no borran en absoluto todos los pecados ni siquiera cuando se está un tanto molesto por haberlos cometido?

Decid, pues, todas esas verdades y discutid todas esas cuestiones en los libros filosóficos, y el género humano ganará con ello. Respetad la opinión de que Brahma existe y que castiga el crimen, aunque ataquéis los prejuicios mediante razonamientos asequibles al pueblo; no temáis que caiga un mal sobre los hindúes por creer algunos absurdos de menos.

A todo lo anterior se pueden formular dos objeciones. Las falsas opiniones, se dirá, son apropiadas para consolar al pueblo y contener a quienes están por encima de las leyes. Conservemos para el pueblo cuanto hay de consolador en esas opiniones, al menos hasta el punto en que el terror se torne inútil para fundar su moral: su situación se hará mejor al destruir sus prejuicios y, además no ha de perderse de vista que esos consuelos excesivamente proclamados son bien poca cosa en parangón con los males que han causado estos consuelos del mal a quienes quieren eliminar el mal en sí. Por lo demás, esos consuelos religiosos no serían útiles más que contra las aflicciones morales y los males físicos, pero, ¿sirven más que la razón a la hora de dar coraje? Tienen poca fuerza, salvo sobre algunos entusiastas, y la mayor parte de los hombres que se dicen consolados por ellos no hacen sino ocultar su insensibilidad.

En cuanto a la segunda objeción, el pavor que inspiran las falsas religiones a los poderosos, podríamos mostrar mediante la historia cuan débil ha sido ese recurso, y aún mostrar cómo los tiramos más crueles han sido los más supersticiosos.

Podríamos añadir que toda religión sacerdotal es un estímulo para el crimen, por cuanto todos los crímenes son perdonados a los poderosos que mantienen a los sacerdotes siempre y cuando éstos no hallen más beneficio en perseguir a los príncipes que en adularles. Observemos, finalmente, qué extraño es proponer abandonar en el error a cinco o seis millones de hombres con el fin de engañar a uno sólo e impedirle abusar de un poder que no es posible que deba a otra razón que el error.

Nos queda hablar de aquellas verdades que, al ilustrar a los hombres acerca de sus derechos, podrían causar perturbaciones en aquellos países en los que viven oprimidos, afectar al orden público y subvertir el Estado sin procurar ningún bien ficticio o real.

Observemos, en primer lugar, que necesariamente hay un gran número de verdades políticas, útiles para los hombres, y que lo son también para los jefes de las naciones. En efecto, supongamos los dos extremos, un único hombre que es dueño absoluto de un pueblo, y un pueblo tan libre como pueda serlo y en el que, en consecuencia, sólo todo el pueblo tenga la autoridad absoluta.

Está claro que todo lo que es verdadero en relación con la legislación civil y criminal, la administración de los impuestos, las leyes del comercio, la manera de formar los ejércitos, lo será igualmente en ambos casos. Por ejemplo, supongamos que la asamblea del pueblo quiere imponer un impuesto de un millón; del mismo modo que el déspota, buscará la vía menos onerosa de hacerlo. Supongamos que se trate de proscribir o autorizar el uso de la tortura; si se prueba que el déspota debe mantenerla en los casos en que se haya atentado contra su vida, se probará que el pueblo debe conservarla para el crimen de haber intentado la tiranía, y viceversa si se probase lo contrario. Existe, pues, un orden de verdades igualmente ciertas en todas las constituciones, o, por hablar con mayor corrección, cuya verdad es independiente de la forma de la constitución. Por tanto, no puede haber nunca el menor inconveniente en atacar los errores contrarios a esas verdades. De este modo, se^, pueden reducir a cuatro las siguientes cuestiones sobre las que cabe hallar alguna dificultad:

1.º El problema de los límites que deba tener el poder legislativo cualquiera que pueda ser el cuerpo que lo ejerza, aun si se trata de la nación en asamblea. Efectivamente, se puede examinar si el poder legislativo tiene el derecho de imponer penas por las opiniones, o de excluir del Estado a quines no adopten tal creencia, o de castigar como crímenes lo que es indiferente en el orden del derecho natural...

2.º ¿hasta qué punto puede enajenar el pueblo su soberanía y confiarla a un hombre o a un cuerpo de forma que tal hombre o tal cuerpo tengan un verdadero derecho a ella?

3.º ¿Cuáles son, en particular en un Estado como el que hemos descrito, los límites del poder supremo?

4.º Cuando un soberano sobrepasa sus derechos o viola los de sus ciudadanos, ¿en qué casos tienen tales ciudadanos el derecho de resistir u oponerse con la fuerza a un Derecho que deja de serlo?

El examen de esa tercera cuestión es, en cada Estado, un derecho y un deber de los ciudadanos: La discusión de las dos primeras no tiene inconveniente, en tanto no se afecte a la cuarta. Siempre es útil conocer los derechos propios, pero no siempre es de sabios hacerlos valer, ni es legítima cualquier forma de hacerlo. El límite que separa la razón del espíritu de secta es éste, que es asimismo el que separa la verdad de las falsas consecuencias que cabe extraer de un mal razonamiento. En efecto, si sucediese que hombres instruidos acerca de sus derechos los hicieran valer de forma funesta para sus conciudadanos, perturbando la paz del Estado sin restablecer en sus derechos a quienes han sido privados de ellos, no es a la verdad, es decir, al conocimiento de los derechos y de su violación, a quien habría de acusar, sino al error que hubieran cometido esos hombres al concluir erróneamente que les está permitido hacer valer sus derechos en todo momento y por cualquier medio. No habrían actuado mal por saber demasiadas verdades, esto es, no por haber adoptado una máxima verdadera, sino por haberse equivocado en su aplicación a un hecho particular.

VIII. Vayamos a la última cuestión. Los hombres que han fundado sobre la opinión un poder nefasto para el pueblo, generalmente tienen fuerzas que pueden dirigir y emplear. Si se les advierte acerca de los medios que se podría emplear para hurtarles ese poder, para preparar paulatinamente la destrucción de su poderío mediante la destrucción de las opiniones en las que se fundamenta, en fin, si se publica el método a seguir para influir en el espíritu de los hombres de forma tal que se les haga sentir dónde se encuentra su dicha y cómo pueden asegurársela, se puede perjudicar notablemente a quienes uno trata de ser útil. En efecto, la mayoría no está en condiciones de utilizar esas luces, mientras la minoría quedará aleccionada acerca de cómo servirse de ellas. Igualmente peligroso sería decir las verdades cuando no cabe esperar que hacerlo así sea útil antes de que sean adoptadas por una mayoría de los hombres y cuando, alertando así a quienes se ven perjudicados por ellas, se ponen más obstáculos para el progreso de esas verdades en lugar de conseguir que se hagan más comunes. En este caso, es preferible dejar cautiva a la verdad sin que tampoco se la suplante por el error: así, el defensor de la humanidad debe considerarse frente a los opresores como un general que no debe publicar sus planes de ataque.

Después de haber hablado de los medios que puede emplear cualquier particular para instruir a los hombres sin peligro para su felicidad, pasemos a aquellos otros que no pueden ser utilizados más que por la autoridad pública. Mediante una buena legislación, los gobiernos pueden adelantar igualmente el restablecimiento de la verdad: ésta hace rápidos progresos en los países en los que se deja libertad de opiniones porque desde el momento mismo en que las opiniones son discutidas libremente, la verdad acaba por -establecerse. Entonces es en todo caso interés del legislador establecer esta libertad que, al no extenderse más que a las opiniones, somete las injurias a las leyes anti libelo. Efectivamente, del mismo modo en que resulta difícil que una verdad contraria a la ambición de un soberano, a sus ideas acerca del poder arbitrario, pueda perjudicar a quien reúne la fuerza pública, del mismo modo es fácil apreciar que el establecimiento de la libertad de opiniones es el único medio que se tiene para instruirse y ser servido por hombres ilustrados. De otro modo, los errores y los falsos sistemas se perpetuarán en sus consejos. Quien está obligado a actuar, puede instruirse, pero no puede tener el placer de una meditación tranquila que es la única que revela la verdad. ¿Acaso es posible esperar hallar la verdad en otro lugar que no sea en los libros y en el libre juicio de hombres ilustrados? ¿Se puede aprender la verdad de labios de los cortesanos o ministros, de los informes de los espías, de los escritos de los panegiristas o de los gacetilleros a los que se soborna para engañar, de las cartas que tenga interés en mostrar quien se ha dedicado a tan infame violación de la seguridad pública? Sin la libertad de opiniones el soberano nunca sabrá si ha hecho bien o mal, si se cultivan las tierras de sus Estados o continúan en barbecho, si en sus arcas ingresa la mitad de lo que se recauda del pueblo, si las leyes que se hacen para impulsar el comercio no sirven más bien para destruirlo, si su administración abre o extingue las fuentes de la prosperidad pública, si es un tirano o un buen rey.

Si el legislador quisiera emplearla, la educación sería un medio aún mejor para acelerar el progreso de la verdad. Si se forma el espíritu de los jóvenes en la exactitud mediante el estudio de las matemáticas y la física y se les dan nada más que las ideas que ningún hombre de buen sentido negaría nunca acerca de la moral, ya habría bastante para una conducta común. Si además se les inspira el desprecio por la muerte, se habrá cerrado al error todas las puertas y cuando la busquen, la verdad se establecerá sin dificultad en su espíritu. Cualquiera que sea el lugar, no hay estupideces acreditadas en él y creídas por sus hombres más razónales que no fuesen tomadas como ridículas si no hubieran oído hablar de ellas hasta cumplir los dieciocho años de edad. Una educación dirigida de este modo hacia la verdad es tan útil para el soberano como para sus pueblos, y uno de los intereses comunes al Jefe del Estado y al ciudadano es que aquél sea servido por hombres que tengan un espíritu justo, luces y valor.

Podemos concluir aquí, en general, que la verdad siempre es útil para el pueblo y que si el pueblo tiene errores es útil para él librarle de los mismos. Añadiremos cuatro excepciones:

1.º No convendría atacar la creencia en un Dios remunerador y vengador por parte de un pueblo cuya moral se funde en una religión falsa, a menos que se destruyera esa religión y fuera establecida una moral fundada en la pura razón.

2.º No se debe discutir el derecho de resistencia del ciudadano a la fuerza pública, bien por cuanto ésta ataque los derechos del hombre, bien porque ataque el derecho particular de un país, siempre que se trate de naciones en las que la fuerza pública pertenezca al pueblo.

Esto no quiere decir que las dos opiniones anteriores acerca de las cuales prescribimos silencio, sean verdaderas, pero, aun cuando lo fueran, hay casos en los que sería perjudicial defenderlas demasiado abiertamente.

3.º Tampoco las verdades que, al ilustrar a los enemigos de la humanidad acerca del uso de su fuerza para asegurar su poder, impedirían así que se estableciese la verdad, o al menos retrasarían su progreso y sus ventajas.

4.º Tampoco las verdades que son útiles tanto a los pueblos como a quienes los oprimen, cuando no se encuentran en condiciones de sentir su utilidad y, heridos por esas verdades, podrían detener su avance. Al menos, en ese caso, hay que decir tales verdades de forma que no se las deje ver más que al punto en que se pueda adivinarlas o entenderlas en la medida en que beneficien, y no en cuanto se las pueda temer, por ridículo que sea tal temor a ojos de la razón. Entonces es necesario, sobre todo, dedicarse no tanto a probar esas verdades cuanto a hacer ver su utilidad universal. Concluyamos, pues, que hay muy pocos casos en los que sea útil callar la verdad y alguno en que se pueda ser útil disfrazarla.

Tras haber mostrado que sostener los errores es hacer traición a la causa de la humanidad, porque el error no puede ser útil, y que no es lícito disimular la verdad más que cuando se crea que el silencio acerca de errores particulares pueda ser útil para facilitar la destrucción de otros errores, o para evitar males que pudiera llevar consigo una verdad anunciada en voz alta y reconocida por un número demasiado pequeño como para tener a su favor la fuerza, habiendo sublevado en su contra a toda una multitud, tras mostrar todo ello, debemos examinar ahora hasta qué punto es lícito, es decir, es útil para los hombres, el aparentar respeto en su conducta externa acerca de errores perjudiciales. Hemos mostrado que no era necesario ni decir que uno los admite, ni defenderlos o querer propagarlos. Basta esa regla para prohibir todo acto exterior que, a los ojos de los hombres que reflexionan, fuera equivalente a la admisión real de tales errores. Toda acción puramente corporal cuyo rechazo fuese una manera imprudente o peligrosa de anunciar una verdad, puede ser permitida: por ejemplo, un musulmán que no crea en Mahoma, no debe decir que cree, pero hará bien en entrar respetuosamente en la mezquita, lavarse el codo, etc., porque el rechazo de tales remilgos, al advertir a los imanes acerca de sus opiniones, podría no ya incitar a una persecución en su contra (no examinamos aquí si hay casos en los que lo que es malo en sí puede tornarse en legítimo para salvar la propia vida), sino hacer que los imanes se vuelvan más atentos en oponerse al progreso de las luces. Creemos igualmente que se puede permitir esos actos por una condescendencia particular, para no sorprender a los amigos, pero no por bajas motivaciones de interés personal. En fin, si son necesarios para gozar de los derechos de ciudadano o asegurar su disfrute a los propios hijos, se puede permitir tales actos, so pena de que en ningún caso puedan ser contemplados como admisión expresa del error, sino únicamente como un ceremonial, como una etiqueta. Es, pues, a la opinión de los hombres ilustrados y virtuosos y no a la propia conciencia particular a quienes debe someter la conducta.

Efectivamente, cuando, los hombres ilustrados que ignoran si rechazáis o no los errores acreditados no ven en vuestra conducta más que una prudente precaución, no habéis cometido ninguna mala acción, no os habéis equivocado. Pero si ven vuestra conducta como una prueba de que adoptáis esos errores, o de que sois un hipócrita, vuestra condescendencia se vuelve culpable y os habéis equivocado. En una palabra, no hagáis nada que un hombre sensato pueda tomar como prueba de que creéis lo que no creéis. La línea que separa la prudencia de la hipocresía es aquí muy fácil de traspasar, pero es mejor quedarse más allá y ser imprudente que no hipócrita.

Aún vamos a examinar dos cuestiones particulares: ¿es lícito ser o seguir siendo sacerdote de una religión que se considera falsa? ¿Es lícito educar a los niños en una religión en la que no se cree? La respuesta a esas cuestiones no es difícil: ya que el error es un mal público, es un crimen extenderlo. Así, cualquier hombre que enseña lo que no cree es un truhán despreciable si es que cree que ese error es perjudicial para los hombres. Pero si lo, considera útil... en ese caso, es inocente en tanto que pueda serlo quien siga el partido más favorable a sus propios intereses partiendo de una conciencia errónea. ¿Está obligado a renunciar a su estado, con grave peligro incluso de su vida un sacerdote que descubra la falsedad de la religión que predica, sobre todo cuando sabe que el ruido de su apostasía no será útil a otros hombres? Sin duda, no, pero hay un punto medio entre los extremos: la abstención absoluta de toda tarea religiosa.

Cabe preguntar asimismo si un instructor puede enseñar a los niños aquello que considera como un error cuando los padres lo exigen, en la medida en que no parece que no tenga derechos y deberes sino en relación con estos últimos, y no con aquéllos, pero no lo creemos así: su deber se limita a no enseñar a los niños las opiniones verdaderas que sus padres quieran ocultarles, pues el deber de decir la verdad a los hombres no es una obligación estricta como la de ser fiel a los compromisos, pero siempre es un crimen hacerse cómplice del mal que los padres quieren hacer a sus hijos, abusar de su autoridad sobre espíritus débiles para entregarlos al error, para corromper su razón natural. Un maestro no debe en ese caso engañar a sus alumnos ni desengañarlos.

Es posible que se esté tentado de considerar inútil el examen de las cuestiones particulares que acabamos de discutir, e incluso puede que esa sea la opinión de los hombres más ilustrados, pero nos atrevemos a creer que hay pocas discusiones tan útiles. En el actual estado de Europa, no se puede negar que las luces de toda clase hacen rápidos progresos. Aumenta el número de hombres ilustrados, y si el de aquellos que conocen las verdades más importantes aún es pequeño, en cambio el de quienes ya no podrán ser presa de los errores absurdos de nuestros padres abarca ya a casi todos los que componen la primera clase de la sociedad, aquellos cuyo juicio forma la opinión pública. Así, ni los hombres destinados a llenar los cargos públicos ni quienes los juzgan serán víctimas de tales absurdos.

¿Por qué se sostienen tales absurdos? Sin duda, porque hay hombres poderosos interesados en que así sea. Pero ¿acaso se atreverían a defender ellos mismos tales errores, de cuyo carácter ridículo son conscientes, unos errores de los que saben son vistos con desprecio por todas las clases ilustradas de la sociedad? ¿Consentirían en quedar ante la opinión como truhanes o imbéciles? Por supuesto que no, pero, por fortuna para sus intereses, han encontrado la forma de establecer que los errores que están interesados en defender son necesarios para los pueblos, así como el modo de convencer de esta opinión a un gran número de personas instruidas, y así, a ojos de este sector del público, ya no son charlatanes que suben a los escenarios para vender sus drogas, sino prudentes médicos que engañan a sus enfermos para curarlos con mayor seguridad. De esta forma concilian el interés de su propia vanidad y el de su beneficio. Ante el pueblo representan un papel que les asegura un cierto crédito, y ante la mejor compañía, el papel que les salva del ridículo. Sobre todo, es a los gobiernos a quienes seducen: primero porque, en general, los miembros del gobierno no proceden de la clase más ilustrada de cada país, sino de la más próxima al pueblo entre las instruidas. Además, porque estando compuestos los gobiernos por hombres que no gobiernan para sí, sino para el monarca, quienes los forman prefieren la seguridad de sus puestos al interés de quienes los emplea, y tratan de redoblar las tinieblas de toda clase alrededor de su amo con el fin de procurarse apoyos, de evitarse enemigos, de reinar con mayor seguridad. Sin embargo, todos esos hombres, sin exceptuar aquellos a quienes se consideraría, por su conducta, que desdeñan cualquier tipo de gloria, tienen en mucho a la opinión pública, y si la protección concedida a los errores les pusiera en ridículo, dejarían de ampararlos. En cuanto a la atención que los hombres interesados en sostener el error ponen en insinuar a los gobiernos que hay que dejar a los ciudadanos en los errores útiles para los propios gobiernos y perjudiciales para los pueblos, si esos hombres tienen razón es importante desengañar al pueblo; si están equivocados, es importante desengañar a los gobiernos.

Entre los errores funestos para la humanidad, pocos de ellos son útiles no ya para un soberano virtuoso, sino incluso para el que está dedicado a su propia gloria, su poderío, sus intereses reales. Está claro, en efecto, que suponiendo que las opiniones de las que tiene necesidad para ser soberano absoluto sean errores, serán aislados, no afectarán a ningún sistema religioso, moral, legislativo, de administración, puesto que los pros y contras sobre las cuestiones que interesan a la autoridad absoluta del príncipe habrán sido mantenidos por hombres que defendían sistemas opuestos sobre cualquier otro punto. Por lo demás, como ya hemos dicho, todo se reduce a la cuestión del derecho de resistencia, cuestión única que no tiene ninguna relación con los errores generales en los que se quiere dejar a los hombres y respecto a la cual los más celosos defensores de los errores de esta clase no pueden tomar sin ser inconsecuentes más que el partido más peligroso para los soberanos absolutos.

Efectivamente, si un publicista concede al pueblo el derecho de resistencia cuando sean violados los derechos esenciales al hombre, un fanático se lo concederá cuando los objetos que considera sagrados hayan sido ultrajados. Uno armará hombres virtuosos, buenos patriotas; el otro, pondrá la espada en manos de fanáticos. Aquél querrá que el soberano dependa de la nación, éste lo someterá a los caprichos de los sacerdotes.

Cuan frecuentemente ha sucedido que los gobiernos hayan protegido errores cuya destrucción sería útil para sí mismos y que se hayan unido a sus verdaderos enemigos en contra de los hombres virtuosos que atacaban tales errores. Es lo mismo que conducirse como un general que ordenase a los reclutas de sus ejércitos disparar contra sus granaderos. La razón de todo ello, como ya hemos dicho, es que el interés de los miembros del gobierno no coincide, en la mayoría de los casos, con el del propio gobierno, que los hombres con tales cargos no gobiernan para sí, sino para un amo. En Grecia, en Roma, los que gobernaban lo hacían para sí, y por esa razón, con pocas luces y pequeños medios se hacían grandes cosas, mientras que con luces y grandes medios nosotros sólo hacemos cosas muy pequeñas. Para que una nación esté bien gobernada es preciso o bien que el jefe del gobierno cumpla por sí mismo sus funciones o que confíe sus intereses a hombres ilustrados y virtuosos que acepten el encargo de un ministerio no para hacerse ricos o tener fama y halagos, sino para hacer el bien a su país y conseguir la gloria. De otra forma, el príncipe y su nación quedarán presa de gentes interesadas en mantenerlos a ciegas para conducirlos con mayor comodidad. Pero ¿qué medio tiene un príncipe para distinguir a unos de otros? No escoger sino a quienes piensen que la verdad no puede ser perjudicial y que se debe permitir la discusión de todas las opiniones; el ministro que mantuviese esa doctrina por hipocresía sería muy pronto su víctima, con toda seguridad. Concluyamos, pues, que de todos los errores perjudiciales, la opinión que asegura que hay errores útiles para los hombres es la más peligrosa y compendia a todas las demás.

www.sequitur.es

www.sequitur.es